ARTILLERY WORLD

火炮战神

弹道无痕撼天地

Traceless Trajectory With Shocking Force

IV

丛书策划　李俊亭

丛书主编　丁宁　游云　编著　张大鹏　张力

国防工业出版社
National Defense Industry Press

图书在版编目（CIP）数据

火炮战神：弹道无痕撼天地 / 张大鹏，张力编著.
— 北京：国防工业出版社，2023.2
（武器装备知识大讲堂丛书）
ISBN 978-7-118-12594-8

Ⅰ.①火… Ⅱ.①张… ②张… Ⅲ.①火炮—世界—通俗读物
Ⅳ.① E924-49

中国版本图书馆 CIP 数据核字（2022）第 195063 号

火炮战神：弹道无痕撼天地
责任编辑　刘汉斌

出版　国防工业出版社（北京市海淀区紫竹院南路23号　邮政编码100048）
印刷　雅迪云印（天津）科技有限公司
经销　新华书店
开本　710mm×1000mm　1/16
印张　$20\frac{1}{2}$
字数　360千字
版次　2023年2月第1版第1次印刷
印数　1—6000 册
定价　85.00 元

（本书如有印装错误，我社负责调换）
国防书店：（010）88540777　书店传真：（010）88540776
发行业务：（010）88540717　发行传真：（010）88540762

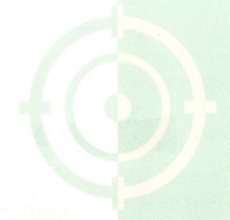

CONTENT ABSTRACT
内容简介

本书以通俗易懂的语言、图文并茂的方式,从古今中外浩瀚的史料中精心选择世界名炮发展与运用的经典故事,讲述各类火炮的设计理念、技术原理及发展历程,并对新概念火炮进行了预测和展望,旨在向广大读者普及火炮知识,弘扬科学探索精神。

本书适合广大青少年、兵器爱好者、军事爱好者,以及关心国防事业的读者阅读和收藏。

开场白 Prologue

  这是一本帮助青少年读者朋友们全面了解火炮的科普书。据史料记载，火炮之所以被誉为"战争之王"，是因为其在战争中，对敌我双方造成巨大的人员伤亡和精神损伤，火炮在战场上帮助士兵攻破阵地、杀伤敌军、扭转战局和取得胜利，凭借其强大的杀伤力，在战场上有着不可撼动的地位，在战争中发挥着无法替代的作用。

  火炮的发展史与人类战争史一样久远，古代人类战争，双方投石或利用弩抛石攻击对方，就可看作是火炮产生的前传。相传公元前，马其顿国王菲利普就已经意识到，这种方式是军队作战的发展方向。首次使用火药作为推进剂的火炮，诞生于我国宋朝。到了15世纪中叶，土耳其人使用尺寸巨大的臼炮围攻了君士坦丁堡。接下来的200年里，火炮迅速发展，瑞典国王古斯塔夫的"3磅炮"尤为突出。此后200多年里，火炮的使用方法和策略变化不大。工业革命对战争形态的改变影响巨大，到了19世纪中叶，火炮的性能和破坏力发生了翻天覆地的变化，一直到两次世界大战，火炮发展可谓是登峰造极。经过冷战并随着信息技术的大量运用，火炮走向了信息火力一体化的新高度。

  传统意义上的火炮，利用火药燃气压力等能量抛射弹丸，是战争中作战火力的重要手段，是陆、海、空军火力突击的主要力量，其火力强大、射程较远、精度较好并具有机动能力,既可持续、密集、不间断地对地面、空中和水面目标进行射击和摧毁,又可用于支援、掩护、协同作战,还可单独进行火力突击作战,用途非常广泛。

火炮经过长期发展和迭代演变,逐渐形成了具有不同特点、不同用途的火炮体系,呈现出家族化、模块化、野战化的发展趋势,大量列装于世界各国的陆、海、空等部队。同时,随着科技进步,电磁炮、激光炮和电热炮等新概念火炮向未来战场走来。本书带我们一起走进火炮的世界,了解其前世今生,揭开其神秘面纱。

本书在编写过程中参考了许多中外文献,在内容上去伪存真,使内容更加符合客观事实,由于篇幅有限,书中从略。全书内容经过多位专家严格的审校,力求准确与客观,以便于读者阅读参考。

在此,对本书编写给予大力帮助的吴宝剑、周凯威、欧冠豪等同仁表示衷心感谢。

由于火炮装备领域知识十分广泛,编者学识有限,书中错误和不足之处在所难免,恳请读者朋友们批评指正。

编者
2023 年 1 月

CONTENTS 目录

1 何为火炮 / 01

战争之神 / 01
火炮是什么 / 05
火炮溯源 / 08
火炮有哪些 / 13
几种火炮的诞生趣闻 / 25
炮弹什么样 / 31

2 欧洲火炮的崛起 / 40

最早的有组织炮战——君士坦丁堡之战 / 41
古斯塔夫二世及其无敌炮队 / 44
拿破仑的成名之战——土伦战役 / 47
现代火炮的雏形 / 50
前装炮的终结 / 52
阿尔弗雷德的大炮王国 / 55

3 火炮与近代中国 / 58

明军利器——佛郎机炮 / 59
抗倭神器——虎蹲炮 / 64
袁崇焕与宁远之战 / 67

■ 带您领略火炮为何被誉为"战争之神"并完美诠释"真理只在大炮的射程之内"！

神威无敌大将军炮重击沙俄侵略者　/ 70
明、清火炮状况的反转　/ 73
"红衣"盖不住的屈辱　/ 76

4 世界大战中的火炮　/ 80

法国"75 小姐"　/ 81
索姆河屠宰场　/ 84
陨落的流星——巴黎大炮　/ 87
克虏伯夫人之名——"大贝尔塔"巨炮　/ 90
"长脚汤姆"的艰难诞生　/ 93
红色经典——苏联 M1938 型 120 毫米迫击炮　/ 96
震撼天地的"斯大林之锤"　/ 100
为闪击战而生——sFH18 型 150 毫米榴弹炮　/ 104
命运坎坷的"斯柯达"军工　/ 108
有口皆碑的瑞典博福斯高射炮　/ 112
加农炮之父与 ZiS-3　/ 116
动物园杀手——SU-100 型自行反坦克炮　/ 119
"虎王"的利爪——88 毫米坦克炮　/ 122
怪兽"古斯塔夫"　/ 125
美丽的"喀秋莎"　/ 128
传奇的"巴祖卡"　/ 132
愤怒的"牧师"　/ 134
自行火炮的黄金时代　/ 137

CONTENTS 目录

5 冷战热炮 / 140

冷战魔炮——"原子安妮" / 141
"帕拉丁"战神的传奇故事 / 144
寒风中的"风信子"——2S5 型 152 毫米自行加农炮 / 148
死亡发射——2S7 型 203 毫米自行加农炮 / 151
AS90 型自行榴弹炮有颗"勇敢的心" / 154
明日黄花——无后坐力炮 / 158
"章鱼"猎杀坦克 / 162
巴西的"热情之花"——阿斯特罗斯 II 型火箭炮 / 165
小高炮王国及其姻亲 / 169
长了眼睛的炮弹——制导炮弹 / 172
布尔博士与胎死腹中的"巴比伦婴儿" / 175
巅峰对决——"龙卷风" VS "钢雨" / 180

6 人民炮兵向前进 / 184

黄洋界上炮声隆 / 185
大渡河上显神威 / 187
红军长征带到陕北的唯一山炮 / 189
八路军最狠的一炮——击毙日军名将之花 / 191
万里长江响惊雷 / 195
土炮艇琼州海峡建奇功 / 198
志愿军炮兵金城战役建功勋 / 201
炮击金门打赢政治仗 / 204

■带您领略火炮为何被誉为"战争之神"并完美诠释"真理只在大炮的射程之内"!

7 信火一体的序幕 / 208

韩国 K9 发展的捷径 / 209
火炮典范——德国 PzH-2000 / 214
瑞典"弓箭手" / 220
法国的"恺撒" / 225
风火轮上的战神 / 229
轻巧的重炮——M777 / 234
弹炮合一的"铠甲"-S1 / 238
自行火炮新任扛把子——"联盟"-SV / 243

8 空中霹雳 / 248

"空中坦克"及其机炮 / 249
飞行炮艇——AC-130 重型攻击机 / 252
美国"火神" / 256
加斯特法则结出的硕果——GSh-23L 型航炮 / 260

9 海上火龙 / 264

巨舰大炮的巅峰对决——日德兰海战 / 265
无冕之王——美国 MK7 型舰炮 / 270
美国"海蛇" / 273
一代经典——MK45 型 127 毫米舰炮 / 277
近程防御明星——AK-630M 型舰炮 / 281

CONT 目录
《ENTS

暴雨犁花——密集阵　/ 285
被列入吉尼斯世界纪录大全的海岸炮　/ 289

10 新世纪攀登新高峰　/ 292

新型火箭炮——"海马斯"　/ 293
非瞄准线火炮——NLOS-C　/ 297
奇异之光——激光武器　/ 300
向初速极限挑战——电热炮　/ 304
未来之星——电磁炮　/ 307
飞向远方的"神剑"　/ 311

何为火炮

火炮自问世以来，走过了漫长的发展道路，现已形成种类繁多、用途广泛的武器系统，成为军队大量列装的重要武器装备，在战场上被大量使用。可以说哪里有战争，哪里就有火炮的身影和隆隆的炮声。

在现代战争的影视作品中，火炮更是频繁出现，几乎成为战争的代名词，从这个意义上说，我们对火炮很熟悉。但是这只是对火炮的感性认识，火炮是怎样诞生和发展的？它的家族有哪些成员？它又是如何将威力巨大的炮弹发射出去并准确命中目标的？如果说起这些问题，我们又会觉得火炮很陌生。要想解开这些疑问，我们只能走进火炮世界，对它进行理性的了解。

战争之神

"战争之神"是苏联领导人斯大林对炮兵和火炮的赞誉,这个美誉诞生于第二次世界大战中著名的斯大林格勒会战,并流传至今。斯大林格勒会战是苏德战争的转折点,也是第二次世界大战的转折点。

1942年7月至1943年初,苏德双方投入兵力达200多万,历时200天,在伏尔加河下游的斯大林格勒展开激烈搏杀,最终苏军取得会战胜利。法西斯德国的数个师级以上建制部队被歼灭,损失80多万人和大量武器装备,从此丧失了战略主动权。在这次举世闻名的会战中,苏军最高统帅部在战役反攻阶段,

"斯大林之锤"——苏联B-4型203毫米榴弹炮

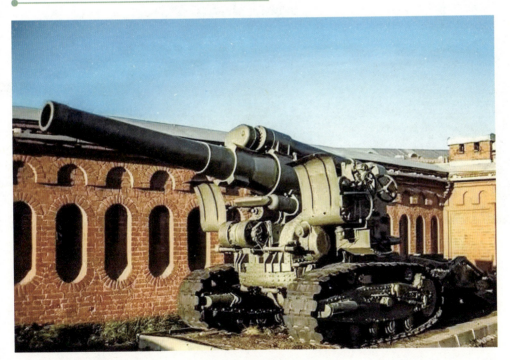

美国海军"依阿华"级战列舰开火瞬间

集结兵力110多万,投入各种火炮15500门以及大量坦克和飞机。

1942年11月9日7时30分,苏军在风雪中拉开了大反攻的序幕,几千门大炮一齐怒吼,持续80分钟的火力急袭,将上百万发炮弹倾泻在德军阵地,德军无数工事被摧毁,数百个炮兵连被压制和歼灭,为反攻首战的胜利起到了关键作用。

1943年1月10日围歼战打响,苏军使用6000余门火炮对敌军火力急袭55分钟,德军阵地在火海和硝烟中成为死亡地带。在斯大林格勒会战中,苏联炮兵大显神威,建立了卓越功勋。苏军最高统帅斯大林称赞炮兵为"战争之神"。最高苏维埃会议做出决定,将斯大林格勒会战反攻日11月19日定为"炮兵节"。

火药的发明,注定了人类历史将被改变。火药在军事上的广泛应用,宣告了冷兵器时代的结束。火炮的问世,彻底改变了战争形式,乃至影响了人类的历史进程。几百年间,有无数国家凭借军队和火炮攻城略地、开拓疆土,也有无数国家凭借火炮取得守卫家园的胜利。特别是在20世纪的两次世界大战中,火炮得到迅速发展,被大量投入使用,成为战场上的主宰者。战争使人们积累了大量火炮制造和使用的经验,同时也消耗了天文数字的炮弹,吞噬了千百万条生命,人类为此付出了沉重的代价,直到今天,人们从未停止过对战争的思考。

火炮发展的步伐不但没有因第二次世界大战结束而停止,反而随着"冷战"的到来而加快。在疯狂的军备竞赛中,东、西两大阵营的军队都大量装备各种火炮，作为相互威慑和对抗的武器。近年来，世界各地局部冲突不断，作战方式呈现多样化趋势，各国军队的火炮也与时俱进更新换代。时至今日，随着信息化、自动化技术和新材料在火炮上的应用，以及弹药技术的同步发展，火炮已经成为火力强大、打击精确、弹药种类多、持续作战能力强、反应速度快、高度自动化、具有全天候作战能力的武器系统。

火炮是当今世界各国陆军中装备数量最多、使用最频繁的武器之一，它与主战坦克、步兵战车成为陆军重型装备的三大支柱。在现代战争中，特别是地面战争中，火炮有着不可替代的作用。除此之外，海、空军也根据作战形式和武器装备发展的变化，装备了数量相当、各具特点的火炮。

现在人们更加清醒地认识到，火炮的研发与制造涉及信息技术、自动化技术、弹药技术以及钢铁冶炼、加工等诸多领域，是一个国家科技水平和国防工业实力的综合体现。火炮在装备与使用过程中，从研发制造到弹药消耗，再到维护保养和升级改造，都需要大量经费保障，因此必须要有强大的国民经济体系作为支撑。

进入新世纪后，科学技术为"战争之神"拓展了更加广阔的空间，电热炮、电磁炮、激光炮等新概念、新能源火炮正在研究和发展之中，个别项目已从实验室走向靶场。我们有理由相信，"战争之神"必将创造新的辉煌！

火炮是什么

火炮是一种口径在 20 毫米以上（含 20 毫米），以发射药作为能源，发射弹丸的身管射击武器。火炮可以对地面、水上和空中目标射击，用以歼灭、压制有生力量和技术兵器，摧毁各种防御工事和其他设施，击毁各种装甲目标，以及完成其他特种任务。

1. 火炮的组成

火炮通常由炮身和炮架两大部分组成。

炮身由身管、炮尾和炮闩组成。身管又称炮管，是炮身的主体，用来赋予弹丸初速和飞行方向。由于身管在高温、高压和强腐蚀条件下工作，因此，必须要保证有足够的强度和使用寿命。大部分火炮身管内有膛线，也有部分火炮身管光滑无膛线，这两种不同身管造成火炮结构和用途上有很大差异。身管口径和长度是火炮性能的重要指标。火炮口径，实质上就是身管的内径，有膛线的身管口径是指相隔180°的两根膛线的直线距离。身管长度通常用口径倍数来表示。实际长度 = 口径 × 口径倍数。例如，155 毫米 52 倍径火炮，它的身管长度为 155 毫米 ×52=8060 毫米。炮尾用来盛装炮闩；炮闩用来闭锁炮膛，发射时，装在炮闩内的击针撞击炮弹底火，点燃发射药，将弹丸发射出去。发射后抽出空药筒。

炮架由反后坐装置、摇架、上架、方向机、高低机、瞄准装置、下架、大架等组成。下架、大架和运动体，用来支撑火炮，行军时作为炮车。反后坐装置是炮身和炮架之间缓冲装置，通过它使炮身和炮架弹性连接，用以解决火炮发射时的严重后坐问题，它包括驻退机和复进机。驻退机能在火炮发射时消耗炮身后坐能量，使炮身后坐变得缓慢，并将后坐控制在一定距离。复进机在炮身后坐时储蓄能量，当后坐终止后将炮身复位。由于反后坐装置的作用，炮身前后移动也不会波及炮架。反后坐装置的发明是火炮发展史上的一次飞跃。摇架是炮身后坐复进的导轨，借助高低机在垂直方向上转动，使身管俯仰。高低机和方向机使炮身俯仰和转动，结合瞄准装置使身管瞄向目标。

这是典型火炮的简单结构，我们以此为例介绍火炮射击循环过程。

（1）击发。通过击发装置点燃发射药发射弹丸。

（2）后坐。在燃烧气体作用下，炮身向后运动。驻退机工作，使后坐部分缓慢后退到位。

（3）复进。炮身后坐终止后，复进机工作，使炮身回到发射前位置。

（4）装弹。开闩抽出弹壳或药筒。重新装入炮弹，关闩闭锁，等待再次击发。

火箭炮与典型的身管火炮发射原理不同，所以身管火炮的定义不适用火箭炮。火箭弹依靠本身发动机的推力向前飞行。发射系统只用来点燃火箭发动机，并无发射药产生的高膛压，所以无须笨重的身管和复杂的反后坐装置，只要有轻便的导轨或定向管即可满足发射要求，并可以多管组合形式安装并同时发射，形成较大的火力强度。所以火箭炮的准确名称应是火箭发射系统。

2. 火炮的瞄准射击方式

依据火炮能否直接通视目标，地面炮兵射击分为直接瞄准射击和间接瞄准射击。

直接瞄准射击是指将火炮配置在与目标较近且能通视目标的阵地上，用瞄准装置直接瞄准目标进行射击的方式。直接瞄准射击因距离近，弹丸飞行时间短，弹道低伸，命中率较高，适合射击坦克、碉堡等有一定高度的目标。一旦炮阵地暴露，就容易遭到对方火力毁伤。

间接瞄准射击是指在不能直接看到目标时，用瞄准装置赋予火炮射向和射角进行射击的方式。在这种方式下，将火炮配置在不能通视目标的隐蔽阵地上，由专设的观察所侦察目标，确定射击诸元（包括目标距离、方向、运动情况、风力、风向等各种数据），并传给炮阵地，指挥火炮射击。间接瞄准射击能充分发挥火炮射程远的优势，同时因阵地隐蔽可达成火力突然性，是地面炮兵的主要射击方式。尤其是现代化射击指挥系统的使用，使间接瞄准射击变得简便、快捷和准确。由于间接瞄准射击的指挥与协同比较复杂，对各类人员专业素质要求较高；由于弹药消耗量较大，也会给后勤保障造成一定压力。

经过几百年的发展，现代火炮已成为趋于完美的武器系统，理论定义和粗浅的介绍并不能令人满意地解释火炮是什么？但火炮作为人类智慧的结晶和现代科学技术的成果，却毋庸置疑。

火炮溯源

在冷兵器时代,弓弩被公认是最好的武器,除此之外,人们还利用杠杆原理发明了威力更大的抛石机。这两种远射兵器扩大了双方接战距离,人们都希望远距离打击敌人,而自己则安然无事。

公元 7 世纪,火药在中国被发明出来,人们对这种黑色粉末的研究与应用由此展开,火药在军事上的应用自然位列其中。点燃后的火药会在密封容器内爆炸,而在普通环境下会快速燃烧的规律终被人们发现。这一发现,使火药在公元 10 世纪开始在军事上得到应用,并由此引发人类战争形式的巨大变化。和任何事物发展规律一样,火药在军事上的应用也以最

宋军在采石之战中使用"霹雳炮"大败金兵

震天雷和铁火炮

简单的方式开始。人们用抛石机将点燃的球形火药包抛射出去,边燃烧边飞向敌方,人们形象地称之为火龙。唐朝末年,郑璠率兵攻打豫章(今南昌)时,就曾使用过火龙,并取得了胜利。

北宋时期,火药的应用得到进一步发展,出现了爆炸性火器。人们将火药装入纸管或竹筒,然后插上药捻并加以密封,点燃之后抛射到敌方,爆炸时能产生很大威力,其响声如雷,这就是名声显赫的霹雳炮。从燃烧的火龙出现到爆炸的霹雳炮的应用,是人们对火药认识的一次飞跃,对以后热兵器的发展意义深远。

到南宋时,爆炸性火器得到了广泛使用。典型的战例是宋高宗绍兴三十一年(公元1161年),金朝皇帝完颜亮率60万大军长驱直入长江下游地区,企图灭亡南宋,南宋在采石(今安徽当涂北)布置兵力抵抗。宋、金战船在长江水面发生激战。宋军使用大量霹雳炮,取得火力上的优势并最终获胜,使南宋转危为安。随着金属冶炼技术的发展,火器所用的材料得到迅速改进，南宋初期用竹筒盛装火药的霹雳炮，到了南宋末年已演变成了金属外壳内装火药的爆炸性武器，人们称它们为震天雷和铁火炮，因爆炸时金属碎片杀伤力很强，使铁火炮的威力大大超过了原来的霹雳炮。虽然这类火器仍用抛石机发射，并不属于真正意义上的火炮，但却是火药在军事应用上的重大进步，可以说"炮弹"雏形已现。

14世纪初，金属冶炼技术的发展使人们发明了火铳。中国历史博物馆现存的一尊世界上最早的火铳，是我国元代至顺三年（1332年）制造的铜火铳，它身长353毫米，口径105毫米，重6.94千克。这种火铳源于早些时候用竹管制成的突火枪，人们利用火

火铳

铜火铳

药燃烧气体抛射物体的原理，用金属管取代了竹管，制成管状火器。当时人们将小口径火器称为枪，口径大的火器称为火铳，但并无统一称呼和制式标准。

史学界普遍认为大型火铳就是最早的滑膛火炮，因为火铳与身管火炮发射原理相同，都是利用火药为能源发射实心或爆炸的弹丸，两者基本结构大同小异，都有金属身管、药室。因此，火铳的出现对兵器发展有着里程碑的意义。以后的火炮都是以火铳为基础发展起来的，虽然火器样式增多、性能提高、制作工艺不断进步，但结构原理没有发生根本性的变化。火铳的出现对当时军事理论和作战方式都产生了巨大影响，华夏大地上一个冷热兵器混用的时代初露端倪。

15世纪中期以前，我国明朝火炮在世界上处于领先地位，但令人遗憾的是，明朝对火器制造和使用的严格管制，使地方与个人不敢越雷池一步。高度集中的封建专制扼杀了火炮的发展，致使明朝的火炮技术停滞不前。而当时在欧洲的情况则完全相反，自14世纪初中国火药经阿拉伯传到欧洲后，欧洲人经过对

使用三眼铳的明军士兵

中国火药及火器技术的学习、吸收和发展，火炮技术得到飞跃性的进步，到了15世纪后期，终于赶超了中国。

15世纪初，法国已经将轻量的铜铸炮装在带轮子的车架上，用于机动作战。15世纪末至16世纪初，俄罗斯就已经用自产火炮装备军队。16世纪的西班牙的造炮技术占据欧洲领先地位。

16世纪，弹道学在欧洲出现，并在不断探索中发展与完善，为火炮的发展和使用提供了理论上的支持。欧洲的政治变革、工业革命和科技进步，使火炮技术飞速发展，从此遥遥领先于世界各国。

经历600多年的沧桑岁月，黑色的火药和冰冷的金属已发展成当今的先进武器系统。火炮的诞生与发展，是人类挑战自然的真实写照，也是人类探索未知世界取得的丰硕成果。

火炮有哪些

火炮经过漫长的发展岁月，现已成为一个种类繁多的庞大家族。炮兵装备了各种类型的火炮，用来对付各种各样的目标。对火炮进行适当分类，对其使用、管理和相关研究十分必要。火炮分类方法很多，也没有完全统一，各国对于一些火炮的称呼也存有差异。

人们通常按火炮的用途、弹道特征和运动方式进行分类。

火炮按用途可分为地面压制火炮、高射炮、反坦克炮、坦克炮、航炮、舰炮和岸炮等七大类。

地面压制火炮

1. 地面压制火炮

地面压制火炮通常被称为地炮，主要用于压制和摧毁各种地面（水面）目标，杀伤有生力量，为作战部队提供火力支援。榴弹炮、加农炮、加农榴弹炮、迫击炮和火箭炮构成地面压制火炮的 5 大装备，火力打击范围从几十米到上百千米。

2. 高射炮

高射炮用于打击空中目标，也能对地面或水面目标射击。空中目标飞行速度快，飞行方向随时变化，为了有效射击目标，高射炮具有身管长、弹丸初速大、火炮射速快、射击精度高的特点，同时具有射界大、炮身俯仰、转动灵活的优点。

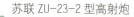
苏联 ZU-23-2 型高射炮

3. 反坦克炮

反坦克炮主要用于毁伤坦克和装甲目标，早期被称为"战防炮"或"防坦克炮"。反坦克炮身管长、弹丸初速高、弹道低伸、射速较快，弹丸穿甲能力强。反坦克炮主要采用直接瞄准方式射击。

俄罗斯 2S25 型自行反坦克炮

4. 坦克炮

坦克主要用于近距离突击作战。坦克炮是坦克的主要武器，安装在旋转的炮塔内，用以摧毁对方坦克和其他装甲目标，消灭敌方有生力量及火器，摧毁敌防御工事。坦克炮具有膛压高、初速大、弹道低伸、射击精度高和结构紧凑的特点。坦克炮在 1500～2500 米距离上射击效果最佳。坦克炮配用穿甲弹、破甲弹和杀伤爆破榴弹等弹种。因受安装空间、携弹量和火炮后坐诸多因素影响，坦克炮的口径多在 125 毫米以下。现代主战坦克流行使用滑膛炮，发射钨合金实芯动能弹。美国的 M1A1 坦克的 120 毫米滑膛炮发射的尾翼稳定脱壳穿甲弹可击穿 650 毫米厚的装甲，而且这个纪录还在不断地被改写。另外，现代坦克炮装有抽气装置，可将射击后残留的火药燃气从炮口排出，保证坦克内空气不受污染。

俄罗斯T-14"阿玛塔"主战坦克

5. 航空机炮

航空机炮简称航炮，是安装在飞机和直升机上的自动射击武器。航炮用于战机空中格斗和对地攻击，二战前是战斗机的主要武器。在空空导弹出现后，航炮成为战斗机的辅助武器，但仍是攻击机和武装直升机的重要武器。作为机载武器，它有以下特点：体积小、重量轻、口径20～30毫米，便于机载；射击过程高度自动化，便于飞行员操控；射速高，弹丸初速大，航炮的初速一般在1000米/秒左右，单管射速达1000～1500发/分钟。许多航炮采用多管设计，以提高火力输出密度。例如，美国的M61A1型20毫米航炮为6管机炮，最大射速可达7200发/分钟。航炮还可以采用吊舱式安装，既可为飞机灵活配置航

航空机炮

炮,又便于航炮维护保养。

6. 舰炮

舰炮是装备在舰艇上用于射击水面、空中和岸上的目标的海军炮。20纪初期至中期,是大口径舰炮的鼎盛时代。例如,美国海军"依阿华"级战列舰,装有3座三联装炮塔共9门406毫米舰炮,舰炮射程达40多千米,弹丸能毁坏9米多厚的混凝工事。20世纪60年开始,由于舰载导弹的成熟和航空母舰的发展,大口径舰炮陆续消失在军舰的甲板上,舰载小口径速射炮作为拦截反舰导弹的近防武器得到快速发展。例如,荷兰研制的"守门员"近程防御系统,应用了大量现代技术,自动控制30毫米7管旋转机炮,最高射速达4200发/分钟;穿甲弹炮口初速1150米/秒,有效接战距离350～2000米,成为战舰防御的最后屏障。

舰炮

7. 海岸炮

海岸炮简称岸炮,是指部署在陆地上,主要用来射击海上目标的火炮,有些岸炮部署的位置也能够对附近的地面目标射击。海岸炮以 100 毫米以上的大口径炮为主,通常部署在海岸重要地段、岛屿和航道翼侧,配置在永备工事内,既可用于保卫海军基地、港口、封锁航道,也可用于支援近海作战的己方舰艇。岸炮也有移动式的,移动方法有机动车牵引和铁道列车炮两种。

20 世纪后期,岸基反舰导弹迅速崛起,彻底改变了海岸防御的火力结构,导弹与岸炮构成了更为完善的岸防火力体系。

火炮按弹道特征可分为加农炮、榴弹炮、加农榴弹炮和迫击炮四类。这四类火炮作为地面压制火炮，具有不同的弹道特征，火炮构造、性能也各具特色，用来射击性质不同的目标。

海岸炮

俄罗斯 A-222 型"沿岸"130 毫米岸防炮

8. 加农炮

加农炮是 Cannon 的音译。加农炮身管长、初速大，射角小、弹道平直低伸。近代加农炮的身管长度达到口径的 40～70 倍，初速达到 900 米/秒以上，射程达到 35 千米。加农炮具有平直低伸的弹道特征和弹丸高速的飞行能力，特别适合采用直接瞄准方式射击装甲目标和垂直目标。

苏联 A-19 型 122 毫米牵引加农炮

9. 榴弹炮

榴弹炮身管为口径的 20～30 倍，初速射程均小于加农炮。榴弹炮弹道弯曲，适合射击隐蔽的水平目标。榴弹炮可以使用不同数量的发射装药，改变火炮的射程，有很大的火力打击范围。通常发射药分为 7～10 个装药号（数量级别）供选择使用。

美国 M198 型 155 毫米榴弹炮

10. 加农榴弹炮

加农榴弹炮简称加榴炮。它兼有加农炮和榴弹炮的弹道特征，当使用大号发射装药和小射角射击时，弹道低伸，其特征接近加农炮；使用小号装药和大射角射击时，弹道弯曲，其特征接近榴弹炮。20 世纪 60 年代以后，各国大力发展和装备新型加榴炮，在制造工艺进步、火药技术发展和高新技术应用的共同推动下，新型加榴炮同时具备并且超过加农炮和传统榴弹炮的性能。从这个意义上说，加农炮、榴弹炮和加榴炮的整合基本完成，实现了三炮合一。

苏联 2S3 型 152 毫米自行加榴炮

11. 迫击炮

迫击炮身管短,射角大,初速低,弹道弯曲,射程较近。迫击炮结构非常简单,身管无膛线,发射水滴形状的炮弹,炮弹飞行靠尾翼稳定。迫击炮弯曲的弹道,使炮弹几乎是垂直下落,对隐蔽在战壕内和遮

美军 M252 型迫击炮发射小组

蔽物后面的目标打击效果明显。迫击炮的弹道特征和轻便灵活的特点使它成为步兵最好的伴随武器。

火炮按运动方式可分为自行火炮、牵引火炮和驮载炮。

12. 自行火炮

自行火炮是指同车辆底盘构成一体，靠自身动力机动的一类火炮，用于伴随坦克和机械化部队作战。自行火炮根据底盘特征分为履带式和轮式两大类。

苏联 2S3 型 152 毫米自行火炮

13. 牵引火炮

用机动车拖动的火炮称为牵引火炮。它相对自行火炮而言重量轻，便于实施远程战略投送。

牵引火炮

14. 驮载炮

驮载炮又称山炮，结构设计上便于分解和组装，以畜力驮载作为运动方式，主要用于山地丛林作战。

另外，火炮按身管有无膛线可分为线膛炮和滑膛炮。迫击炮和大多数坦克炮为滑膛炮，它们发射的炮弹用尾翼稳定，其他身管火炮均为线膛炮。

驮载炮

几种火炮的诞生趣闻

1. 达·芬奇的双头炮

提起 15 世纪意大利的艺术家、科学家达·芬奇，人们很自然地想到他的旷世奇作《蒙娜丽莎》与《最后的晚餐》。然而，他不仅是举世闻名的艺术大师，而且还是一名伟大的发明家，他的一项发明在火炮发展史上留下了精彩的一笔。

这项发明就是著名的无坐力炮原理。当时的火炮，发射时会产生很大的后坐力，致使整个火炮后退、跳跃，无法正常使用。设计师经过长期努力，发明了驻退复进装置，成功解决了这一难题。但达·芬奇以他过人的智慧和大胆设想创造了无坐力炮原理，用不同的方式解决同样的难题。达·芬奇的构思是将两门相同的火炮尾部对齐相接，炮口朝着相反方向，两门火炮背靠背同时发射，产生的后坐力互相平衡，使炮在发射时保持静止。

"双头炮"方案被认为是力学反作用定律的最初揭示，200 年后牛顿才将其总结完善。令人遗憾的是，达·芬奇之后 400 多年间，双头炮设计无人问津，直到 1914 年，美国海军军官戴维斯对双头炮加以改进，研制成无后坐力炮，使达·芬奇的奇妙设想成为现实。

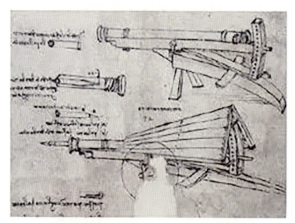

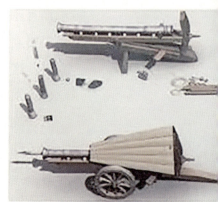
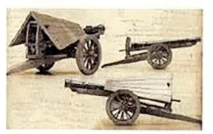

● 双头炮

2. 急中生智的发明——迫击炮

　　1904年2月，在中国的辽东半岛，日本和俄国为争夺远东地区霸权爆发了日俄战争。俄军据险扼守旅顺要塞，日军屡攻不下，改用挖壕筑垒战术，悄悄逼近俄军阵地。1904年11月8日，当俄军发现这一情况时，日军已距要塞约50米处筑堑壕，俄军当时情况万分紧急，因为岸防炮和野战炮处于射击死角，无能为力，轻武器又威力不足。此时，俄军上尉戈比亚托急中生智，建议将47毫米口径的轻型海军炮装在炮架上，以大仰角发射炮弹，对日军进行轰击，此建议得到司令官的批准。第二天中午，隐蔽在堑壕内的日军毫无戒备，他们以为距离太近，俄军大炮无法使用，重机枪子弹也无法穿透2米多厚的掩体。忽然，天空呼啸声传来，数发炮弹从天而降，落在日军堑壕内外爆炸。突如其来的打击，使日军阵地被摧毁，人员伤亡惨重，日军被迫撤退。

这可以说是世界上距离最近的炮战，射程为40～50米，也是火炮以少有的45°～60°仰角发射。这种比榴弹炮还要弯曲的弹道，对隐蔽物后的目标射击有特殊效果。尽管这是临时的应急措施，不尽完善，但弯曲的弹道预示着火炮家族将迎来新的成员——迫击炮。迫击炮的发明者和首次使用者戈比亚托，后来晋升俄军炮兵中将，他的名字载入军事百科全书。他发明的迫击炮是当今世界上使用最广泛的武器之一。

3. 从反气球炮到高射炮

1870年7月，普法战争爆发。普鲁士数万大军在总参谋长毛奇指挥下，于9月包围了巴黎，切断了法国首都与外界的联系。为解巴黎之围，法国的内政部长甘必大从巴黎乘坐发明不久的载人气球，飞越普军防线，抵达巴黎西南200多千米的图尔城。在那里，他很快组织支援部队，并不断用气球运载人员，来往于巴黎和图尔之间。气球飞行速度不快，但高度却在轻武器射程之外，普军无法阻止气球的自由飞行。于是毛奇下令：迅速研制对空射击武器，切断巴黎与外界的联系。军令如山，普军很快有了一种专门打气球的火炮。该炮由加农炮改装而成，口径37毫米，装在四轮车上，被称为反气球炮。当气球飘来时，由几

反气球炮

名士兵推车操炮,适时调整火炮位置,跟踪目标射击。战争将孕育一个新的炮种。

20世纪初,飞艇和飞机相继出现,扩大了人类的活动范围,并有军事应用的潜力,预示着战争将向立体化方向发展。1906年,德国开始组织研制对空射击武器,德国爱哈尔特公司在气球炮的基础上,根据空中目标飞行的规律和特点,研制出世界上第一种高射炮。这种口径50毫米的高射炮,炮弹初速达到了573米/秒,射高4200米。两年之后,德国克虏伯公司也造出了口径65毫米、身管长约2.3米(为口径的35倍)的高射炮,设有手轮调整火炮方向瞄准的装置，采用 4 轮炮架和旋转盘。打气球起家的高射炮有了完善的结构，飞机与高射炮的性能"拉力赛"也由此拉开序幕。

4. 榴弹炮名字的由来

早期的火炮，都是发射实心弹丸。当时，由于人们对火炮的认知水平较低，火炮并无严格细致的分类标准。

16 世纪中期，英国人什拉波聂里发明了一种爆炸炮弹，金属外壳内装有炸药和许多金属弹珠，落地后发生爆炸，弹珠和金属碎片四处横飞，对人员有较大杀伤作用。这种炮弹俗称开花弹或爆炸弹。因为它像石榴一样多籽，加上圆形的外壳，所以榴弹便成了

俄罗斯 2S19 型 152 毫米自行榴弹炮

它的名称。发射榴弹的火炮是一种身管较短、管壁较厚的滑膛炮，被称为榴弹炮。

16至19世纪的几百年中，火炮技术和弹药技术有了很大发展，炮管材料的改进使榴弹炮的身管逐渐增长，作为榴弹炮定义标准的身管与口径比例不断改变。18世纪榴弹炮身管长为口径的7～16倍，到20世纪初，榴弹炮定义身管长为口径的23倍。与此同时，榴弹炮的射程也大幅提高，由初期的1000米达到8000米。19世纪中期以后，榴弹炮广泛使用有膛线身管，发射的炮弹也由球形变成锥头圆柱形，但人们仍然习惯地称它为榴弹炮。

在火炮的发展历史中，出现过许多精彩之篇，其中有精雕细刻的旷世精品，也有急中生智的仓促之作。在它们身上，镌刻着人类探索的印记，闪烁着人类智慧的火花。

炮弹什么样

炮弹是火炮系统中必不可少的部分，炮兵通过发射炮弹才能达到作战目的。炮弹是指口径 20 毫米以上（含 20 毫米），利用火炮发射至预定区域，用于摧毁敌方各类目标、杀伤有生力量或实现其他战术目的（如照明、布雷等）的弹药。炮弹一般由弹丸、引信和药筒三部分组成。

炮弹

弹丸是炮弹的战斗部。典型的弹丸为金属制圆柱体，头部装上引信后呈圆锥形，以减少飞行时的空气阻力。弹丸主体内部核心，可根据需要盛装 TNT 炸药或燃烧剂、照明剂等填充物。大口径炮弹的弹丸外围有纯铜制作的弹带，其作用是与身管内壁紧密贴合，防止火药气体向前逸出，嵌入身管膛线赋予弹丸高速旋转，保证弹丸出炮口后稳定飞行。

引信是炮弹中最精密、最敏感的部件。引信的作用是在恰当的时间引爆弹丸，以实现毁伤效果的最大化。为了有效摧毁各种不同性质的目标，弹丸有很多类型，因此，也有多种引信与弹丸匹配。通常将其分为触发引信和非触发引信两大类。下面简单介绍常见的几种：瞬发引信，它在接触物体瞬间便被触发，将弹丸引爆，主要安装在榴弹上，用以杀伤敌有生力量；短延期引信，它是在弹丸侵彻目标后再将其引爆，主要用于毁坏普通防御工事；延期引信，它是在弹丸穿破装甲进入防御体后再将其引爆，主要用于穿甲爆破弹，能摧毁有较强防御能力的目标；近炸引信，通过无线电波感知到目标后将炮弹引爆。

药筒是由黄铜或钢材制成的圆柱形容器，用来盛装发射装药。药筒的底部装有底火，用于点燃药筒内的发射药。炮弹发射药称为装药。根据装弹方法，炮弹分为定装炮弹和分装炮弹两种。定装炮弹将弹丸和药筒合为一体，装填时，弹丸和药筒一起被装入炮膛，简便快捷。小口径炮通常使用整体的定装炮弹。而大口径榴弹炮则采用分装炮弹，发射时分两步装填，先装入弹丸，再装入药筒。分装炮弹的发射药数量分为几个级别，获得不同的弹丸初速和射程，以扩大火炮的火力机动范围。目前，国际上普遍流行的是模块装药。这种装药不用药筒，而是将发射药制成有一定强度的模块，发射时再根据指令将不同数量及规格的装药模块装入炮膛。模块装药的主要优点是多种组合，不用药筒。

一般来说，炮弹从发射到爆炸的基本过程如下：炮弹被装入炮膛后，机械装置使火炮击针撞击药筒底火，使火药着火，引燃药筒内的发射药；发射药迅速稳定地燃烧，产生大量的高温高压气体，推动弹丸向前做加速运动，同时在弹带作用下弹丸产生旋转；弹丸脱离炮口后，沿身管赋予的方向飞行，依靠自身的旋转保持稳定，最终击中目标或动能耗尽落地，此时，触发引信引爆弹丸。炮弹全部战斗过程结束。

在这里有两点需要说明。第一，发射药的点燃，除了常用的机械式撞击底火方式外，还有采用电的、光学的方式引燃点火药，再使发射药燃烧。第二，发射药和炸药是两种不同的化学物质，虽然都能燃烧、爆炸，但具体性能却有很大差异。发射药能迅速稳定燃烧，产生高温高压气体膨胀做功，推动弹丸加速运动。炸药则是在被引爆后，发生极快的化学反应，在极短的时间内释放大量的热能和高温气体，对炸点周

炮弹

围物质造成猛烈冲击，使其变形、碎裂。根据这一特性，炸药用来填充炮弹、火箭弹和导弹等武器的战斗部。

随着科学技术进步，炮弹和火炮一样，形成了体系庞大、品种繁多的大家族。每一类火炮都配用若干弹种，分别用于打击不同性质目标，将火炮的威力发挥到极致。炮弹品种很多，不能面面俱到，只能选择有代表性的几种炮弹进行介绍。

1. 榴弹

通常将起杀伤和爆破作用的弹丸称为榴弹，主要用于杀伤有生力量、摧毁车辆和一般兵器，破坏土木工事和建筑物。线膛炮发射的榴弹靠旋转稳定飞行，

榴弹

滑膛炮配用的榴弹用尾翼稳定飞行。弹丸主体内腔装有猛炸药。榴弹依靠炸药爆炸后气体冲击波破坏目标，利用高速飞行的弹丸破片杀伤人员。一枚122毫米的榴弹炮能产生1000块以上的破片，弹片飞散速度约1000米/秒。

2. 穿甲弹

穿甲弹

穿甲弹又称动能弹，用以攻击装甲目标，目前广泛使用的是尾翼稳定超速脱壳穿甲弹。其原理就是利用动能实现穿甲。该弹发射时有高达1800米/秒的初速，杆式弹体靠尾翼稳定，弹头不装药，采用硬度极高的钨合金弹芯，能在有效距离上穿透800毫米的装甲。穿透装甲后，弹体和钢甲碎片飞入车体内，杀伤乘员，毁坏设施。这种炮弹目前被世界上公认是打击新型装甲坦克的最佳弹种。

3. 子母弹

子母弹是弹药技术的一大突破，是将一枚炮弹（母弹）的战斗部内装有许多子炮弹（称为子弹）。每颗子弹都有自己的战斗部引信。子母弹的装填与发射和普通炮弹一样。当弹丸飞到目标区域时，母弹的引信起爆，抛射药将母弹打开后抛出子弹。每颗子弹都沿着自己的弹道飞到目标区，对目标实施攻击。子母弹可以对较大区域进行饱和攻击。子弹通常为破甲杀伤两用，由于子弹从空中对目标攻击，角度合理，能有效攻击装甲目标薄弱的顶部，杀伤战壕内的有生力量。在子母弹中，遥感反装甲子弹是其中的佼佼者，其工作机理是：母弹飞行到目标区上空后，被时间引信引爆，抛出两三个子弹；子弹在降落伞作用下缓慢

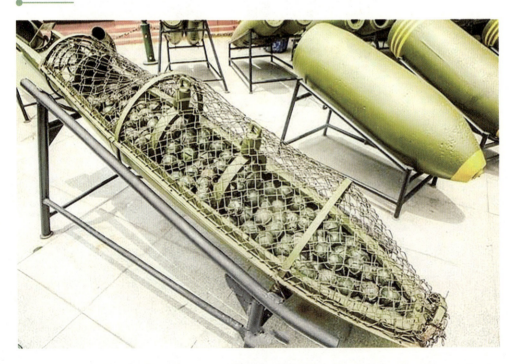

子母弹

下落，传感器开始搜寻目标；当发现符合一定尺寸和红外特征的目标时，子弹便对准目标，射出弹丸，攻击装甲目标顶部。另外，子母弹技术还可以用于布设雷场。火炮能在短时间内向预定地域发射大量子母雷，快速形成雷场，以拦阻和迟滞敌装甲部队机动。

4. 火箭弹

火箭弹是由火箭发射器点火发射，靠火箭发动机推动前进的弹药，用于杀伤敌方有生力量，摧毁军事设施、战斗车辆，压制敌方炮兵火力。火箭弹由战斗部、火箭发动机和稳定装置3部分组成。火箭弹的前部是战斗部，内装炸药或其他填充物，用来完成各种战术任务。其最前部装有引信，用于控制战斗部起爆时机。

在火箭弹的后部装有尾翼，用来保证其飞行稳定。火箭发动机是火箭弹的动力装置，火箭弹发射时，点火系统点燃火箭发动机的固体推进剂，推进剂燃烧产生高温高压气流经喷管向后喷出，火箭弹在气流反作用力推动下向前加速运动。当推进剂燃尽时，火箭弹主动飞行段结束，在动能作用下继续飞行，直到落地。火箭弹的大小轻重相差悬殊，小型火箭弹只有几千克重，单兵即可携带发射具和弹药，大型火箭弹重达几百千克，需要专用车辆和起重设备搬运和装填。火箭弹的战斗部有杀伤、爆破、燃烧、双用途子母弹等多个种类，可针对目标性质选用相应的战斗部。

火箭弹

5. 迫击炮弹

迫击炮结构特殊，其配弹也自成一类。它外观呈水滴型，引信装在弹体最前端，弹体内装炸药。炮弹尾部有一个空心尾管，尾管内有发射装药，尾管侧面开有几个圆孔，这是炮弹的发射装置。炮弹尾部有对称的尾翼。迫击炮设计从炮口装填炮弹，为便于装填，炮弹外径略小于炮管内径。炮管光滑无膛线。发射时，从炮口装入的炮弹自然滑落，炮弹底火与炮管底部的击针相撞，将尾管内的发射药点燃，高压气体便从尾管侧孔喷出，在水滴型弹体后方产生压力，将炮弹发射出去。迫击炮的身管没有膛线，射出的炮弹不能旋转，需要依靠尾翼保持稳定飞行。炮弹尾管里的装药是基本装药，也称零号装药，要增加射程时，可以根据需要在尾管上附加不同数量的发射药包。

迫击炮弹

6. 火箭增程弹

在弹丸尾部装有火箭发动机，用以增加射程的炮弹称为火箭增程弹。发射时，它像普通炮弹一样在炮膛内部运动；飞出炮口一定距离后，火箭发动机点火工作，提供推力，使炮弹射程增加。它与火箭弹的区别在于：火箭弹无其他能源推动，靠发动机提供全程推力；火箭增程弹则是由火炮发射，再加上火箭适时助推一段，如同锦上添花。火箭增程弹结构复杂，生产成本较高，增程装置挤占了弹内容积，相应减少了炸药装药量，使其威力下降。因此，在应用上要考虑打击目标的"价值"。

7. 底排增程弹

底排增程弹主要通过减少弹丸飞行阻力的方式实现增程。弹丸在飞行中冲开空气向前运动时，头部承受极大的空气压力，而在尾部空气稀疏承受的空气压力很低，这种压力差产生了一个从头向尾的空气压力，阻碍弹丸向前飞行，这就是所谓的底部阻力。根据这一现象，在弹尾部增加一个燃气装置，利用燃烧时的气体填充弹尾空气稀疏区，有效减轻了弹头和弹尾的压力差，大幅降低了底部阻力，进而提高了射程。因为燃料在弹丸底部燃烧排出气体，所以被称为底排增程弹。

炮弹，作为火炮的重要部分，经过长期发展，已具有相当成熟的技术和很高的水平，正向智能化方向发展。

火箭增程弹

底排增程弹

欧洲火炮的崛起

火药及相关的火器发源于中国,发展在欧洲。中国元代时,爆炸性火器已被广泛用于军事。1218年,成吉思汗统帅元军开始漫长而浩荡的西征。阿拉伯军队在与元军的交战中,学会了制造火药和火器,中国的火药技术首先传到中东地区。

13世纪末,欧洲人在同阿拉伯人的征战中学会了制造火药和使用火器。14世纪初,火炮知识由阿拉伯人系统地传授给西班牙人,在西班牙火炮制造中首先得到运用,继而推广到欧洲各国。从此,火炮在欧洲得到较快的发展,成为欧洲列强相互争战、海外殖民扩张的重要武器。

最早的有组织炮战——君士坦丁堡之战

1451年,穆罕默德二世继承王位,成为奥斯曼土耳其帝国第七任君主,开启了"征服者"的生涯。他的第一个目标就是攻克君士坦丁堡,消灭东罗马帝国(拜占庭帝国)。1452年,土耳其人切断了君士坦丁堡与黑海诸港的联系,近十万大军集结于君士坦丁堡城下。穆罕默德二世准备了100多门大炮,其中巨型攻城加农炮12门,这些巨炮在匈牙利铸造,炮管长5.18米,重达17吨,每门巨炮要由60头牛和400名男子才能拖入阵地。士兵们花费了一周的时间才将大炮准备就绪。他还调集了上百只战船,从海上对君士坦丁堡进行封锁。穆罕默德二世准备充分,势在必得。

面对奥斯曼土耳其帝国的强大军队,君士坦丁堡全城总动员,召集了近8000名士兵准备进行生死决战。1453年1月,热那亚的700名援兵由吉斯提尼带领赶到,吉斯提尼是一位机智勇敢的名将,被任命为城防总司令。君士坦丁堡的城墙被加高、加固,以增加防御能力。同时,重要港口金角湾南北设有海墙保护,出口处用大铁链拦隔,以阻止敌舰驶入。此外,君士坦丁堡还有26艘战舰,用于海上作战。尽管如此,因双方力量相差悬殊,君士坦丁堡面临着严峻的考验。

1453年4月12日,奥斯曼土耳其帝国军舰的炮声宣告了大战开始,但军舰的炮击对坚固的城墙却是徒劳的。于是土军开始使用护城河边的巨炮攻击,有

君士坦丁堡之战

史以来第一次有组织的炮击开始了。巨炮响声震天动地，硝烟弥漫，炮击持续数天，但是效果甚微。4月18日，穆罕默德二世下令强行攻城，守军全力抵抗，各种弓箭火器齐射，首次攻城以失败告终。穆罕默德二世开始创造奇迹，他动用几千人，将70多艘战船拖到陆地，绕开金角湾大铁链的封锁，"旱地行舟"进入金角湾。君士坦丁堡面临两面夹击，形势更加严峻，5月7日和5月12日，土军又组织了两次大规模进攻，但均被击退。城堡久攻不下，5月29日，穆罕默德二世孤注一掷，集中海陆全部兵力，不分昼夜地连续强攻，君士坦丁堡城内人心惶惶，百姓拥向索菲亚教堂做最后的祈祷。

自开战以来，土军的巨炮从未停止轰击，但是巨炮每天只能发射7次，发射的炮弹是直径762毫米、重量达680千克的石弹，这些石弹撞击着君士坦丁堡千疮百孔的城墙。一个半月后的5月29日，终于有了结果，君士坦丁堡城墙被巨炮打出了一个窟窿，参与决战的步兵随后蜂拥而入冲进城内，经过惨烈搏杀攻占了君士坦丁堡，穆罕默德二世多年的夙愿实现了。战斗结束，大炮归于沉寂，它很笨重但却有效。

君士坦丁堡城墙的坍塌宣告了拜占庭帝国的灭亡和欧洲中世纪的结束，穆罕默德二世又带着他的大炮踏上了新的征服之路。君士坦丁堡这座历史名城依然矗立在博斯普鲁斯海峡的岸边，只是她的名字已改为伊斯坦布尔。

古斯塔夫二世及其无敌炮队

17世纪,科学进步和工业革命的风暴席卷欧洲大地,伟大的科学家伽利略和牛顿相继创立了弹道抛物线和空气阻力理论,优质粒状火药取代了黑色火药,威力提高了两倍。英国、法国、西班牙、瑞典等国家大型兵工厂如同雨后春笋拔地而起,使火炮的发展突飞猛进。这是一个快速发展的时代,也是一个动荡不安的时代。当时的欧洲军队林立,武装派别不计其数,他们在这块大陆上纵横驰骋、战争连绵不断,火炮则是各国军队中必不可少的武器。

此时的北欧强国瑞典,17岁的古斯塔夫二世登上君主的宝座,开始了他拓土开疆的事业。要称雄天

古斯塔夫二世

下，必须有一支所向无敌的军队，古斯塔夫二世决定把瑞典陆军建成欧洲最强大的军队。因为早年学习过军事，晓通各种军事技术，并且拥有天才的头脑和敏锐的目光，他决定把炮兵改革作为军事改革的重点。

古斯塔夫二世致力于火炮标准化。针对火炮种类繁多、炮弹供应困难的情况，他下令将瑞典火炮口径简化为三种，只发射24磅、12磅和3磅的炮弹。古斯塔夫二世认为炮兵的机动性至关重要。他创造性地把火炮区分为攻城炮、野战炮和团属炮，虽然这些火炮具有不同机动能力，但都能随部队行动。这种编制最大限度地发挥了炮兵的作用，步兵由于得到了火炮的伴随，作战能力远超其他国家。古斯塔夫二世任命托斯坦森为炮兵指挥官。通过严格训练，每个瑞典炮手的操炮、装填技术都极娴熟，瑞典人操纵的火炮射速比同期的滑膛枪还要快三分之一。瑞典的炮手们还有一个创举，那就是使用定装炮弹。敌方炮手每次发射都要从炮口装填散装火药，速度较慢，而瑞典士兵只需将整发炮弹装入炮膛即可发射，发射速度是敌方的3倍。

在这种情况下，瑞典人造就了一台强大的战争机器，古斯塔夫二世统帅着欧洲一流的军队出征了！他先后打败了俄国和波兰，占领了波罗的海沿岸全部港口和大片土地，波罗的海成了瑞典的"内湖"。为争霸欧洲，古斯塔夫二世又率大军征战德国，1631年7月22日，瑞典军队1.6万人与德军2.3万人在韦尔本展开会战，瑞典炮兵大显神威，以猛烈的炮火击溃德军，随后瑞典军队乘胜追击，大获全胜，相继攻占了

瑞典炮队

德国北部、中部和南部许多地区。在欧洲平原的开阔战场上，以长矛为武器的方阵曾经称雄数百年，17世纪30年代，西班牙的长矛方阵在瑞典人强大的炮火下土崩瓦解。冷兵器终于被时代淘汰，17世纪20至30年代，古斯塔夫二世率领他的炮队东征西战，所向无敌。

古斯塔夫二世雄心勃勃，试图建立一个强大的瑞典帝国，不料死神降临，在征讨德国的吕岑会战中，一颗流弹击中他的头部，一代天骄坠马身亡，年仅38岁。夙愿虽未实现，但他的军事思想却对世界炮兵的发展产生了深远的影响。硝烟散尽，铁炮作古，但古斯塔夫二世和他的无敌炮队却载入了史册！

拿破仑的成名之战——土伦战役

瑞典陆军光环褪去，法国陆军迅速强大，尤其是炮兵发展更为迅速。1675年，法国国王路易十四下令创办世界上第一所炮兵学校，这对法国军事人才的培养和炮兵的发展意义重大。100多年后，这所学校培育了一个叱咤风云的军事天才——拿破仑·波拿巴。

1785年，16岁的拿破仑毕业于巴黎军校炮兵专业，被授予炮兵少尉军衔，随后到拉费尔炮兵团服役。这对拿破仑的军事生涯产生了重大影响，在炮兵团他学会了基础操作、战斗指挥，掌握了作战的基本知识，为他今后的发展奠定了基础。拿破仑十分热爱他的职业，废寝忘食地博览群书，钻研军事理论和炮兵战术，出色的表现使他在5年后荣升为炮兵上尉。

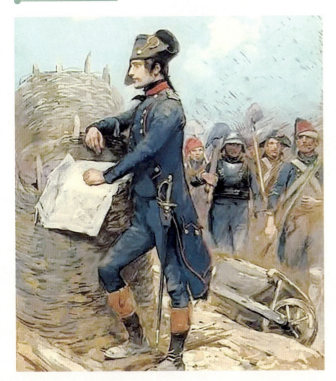

拿破仑·波拿巴

1793年，法国处于大革命时代，赞成革命的拿破仑站到了雅各宾派一边。7月，保王党在法国南部策动叛乱，盘踞在港口城市土伦的保王党人引狼入室，让英国军舰进入土伦港，共同对抗共和国革命军。土伦是法国南部港口城市，拥有天然的深水良港和绝佳的地理位置，是法国在地中海最重要的海军基地。法国海军三分之一的舰只停泊于此，一旦失去港口和战舰，法国海军再也无力与英国海军抗衡。英国军舰入港后迅速控制海湾，迫使法国交出舰船，并登陆占领了港口附近军事要地，联军总兵力达17000人。

新成立的共和国政府非常清楚土伦事件的政治、军事意义，随即派出部队前去攻占土伦，坚决要夺回这个战略要地，两军对垒，形势非常严峻。此时拿破仑来到了驻扎在土伦附近的共和国政府军队中，这支军队有8000余人，指挥官卡尔托不是职业军人出身，未经过正规的军事训练，尤其是对火炮了解甚少。炮兵指挥官多马尔坦因伤致残，不能指挥作战，炮兵几乎处于瘫痪状态。拿破仑的到来如同"天赐神助"，经巴黎批准，他被任命为炮兵指挥官。拿破仑遇到了千载难逢的机遇，土伦将成为他施展军事才华的舞台。

拿破仑临危受命后，立即开始将分散各处的近百门火炮集中起来，同时亲自训练军官和炮手，准备弹药、器材，很快军队就具备了作战能力。围攻土伦的战役即将打响，新上任的杜戈梅将军看准了拿破仑的才能，任命他指挥突击部队，攻占军事重地小直布罗陀堡，夺取克尔海角。拿破仑率领士兵占领了一个十分理想的高地，能充分发挥火炮的效能，士兵们在高地筑好工事，45门大炮准备就绪，静待总攻。12月14日，炮击开始，连续48小时的猛烈轰击，使小直布罗陀堡成为一片火海。12月16日夜，大雨如注，拿破仑在炮火掩护下，率领突击部队经过反复冲杀，最终夺取了小直布罗陀高地，占领了敌军炮台。随即拿破仑又指挥士兵将阵地内的火炮调转炮口，猛烈轰击土伦港内的英国军舰，英国舰队司令被迫下令起锚撤退。土伦城的防御因失去军舰支援而面临崩溃，法军趁机发起全面进攻，终于攻占了土伦城，历经四个月的土伦战役以法军的胜利而告终。

土伦战役的胜利，沉重打击了保王党势力，也使拿破仑一战成名。他在炮兵配置、射击指挥、与步兵协同等方面的军事才能，在上下级军官面前得到充分展示。先攻取小直布罗陀堡再用大炮驱离英国军舰的作战方案是土伦战役获胜的关键，而拿破仑既是作战方案的设计者，又是作战方案的实施者，充分显示出他的雄才大略。此时恰逢雅各宾派著名领导人罗伯斯庇尔的弟弟小罗伯斯庇尔也在土伦前线部队，他将拿破仑的出色表现向巴黎做了详细报告，这对拿破仑来说意义重大。拿破仑的战功震动了巴黎，他被破格提升为炮兵准将，当时他年仅24岁，一颗耀眼的新星升起在欧洲的天空！

土伦战役

现代火炮的雏形

19世纪中期以前，各国军队装备的火炮都是前装滑膛炮，身管较长的加农炮发射球形实心弹，身管较短的榴弹炮发射球形爆炸弹，我们先看看发射过程，再分析存在的问题。

火炮发射时，先将发射火药从炮口装入炮膛，再装入球形炮弹，然后点燃药捻，火药燃烧后产生的气体压力使弹丸从炮口飞出，按身管赋予的方向自由飞行，最终落向目标。这样就出现了两个主要问题。第一，射击速度较慢。普通轻型火炮每分钟只能发射1～2发炮弹，这是因为从炮口装填弹药，炮手不仅操作困难，用时较长，同时还要防止发热的身管将手臂烫伤，这样就使火炮射速慢，火力密度明显不足。第二，射程和射击精度不理想。一般滑膛炮有效射程只有几百米，因为要顺利地装填炮弹，弹丸就必须稍小于身管口径，这样它们之间就会存在一定缝隙。当发射药燃烧时，许多气体从缝隙泄露造成压力下降，对弹丸的推力就会减小，降低了炮弹的初速度，从而影响了火炮的射程和射击精度；同时，球形弹丸受到的空气阻力较大，也会影响射程和射击精度。这些问题困扰着炮兵指挥官和他的炮手。

科学技术上的突破绝非易事，但聪明勇敢的探索者从来不乏其人。意大利陆军少校卡瓦利就是其中一员，他聪明睿智，对新科技充满兴趣，他从步枪改用长圆形子弹之后威力大增受到启发，将球形炮弹改变为长圆形，但事与愿违，试射时长圆形的弹丸飞出光滑的炮管后东倒西歪、摇摇晃晃，射程还很近，首次试验失败。卡瓦利苦思冥想，寻找解决办法，他受到陀螺旋转的启发，认识到只要弹丸高速旋转就能达到飞行稳定目的。按此思路，卡瓦利研制的炮管内有两条螺旋膛线，配用的长圆形炮弹与膛线紧密贴合，弹丸通过炮管时，膛线迫使它高速旋转，飞出炮口后依然保持旋转状态，卡瓦利在前进路上迈出了重要的一步。

不久，探索之路又遇到新的障碍，那就是炮弹装填。长圆形炮弹从炮口装填时，要经过带有螺旋膛线身管进入炮膛非常困难，卡瓦利经过钻研破解了这个难题。他发明了楔式炮闩安装在炮膛上，实现了炮弹的后膛装填，操作十分简单，只需要打开炮闩，装入炮弹，关闭炮闩，发射即可。1846年，世界上第一门后装线膛炮诞生了，研制者就是卡瓦利。

靶场对比试验开始，随着一声炮响，一枚64磅重的炮弹从线膛炮的炮口飞出，弹丸因高速旋转而飞行稳定，射程5103米，方向偏差仅4.77米。随后，大小相近的滑膛炮发射，射程仅2400米，方向偏差却达47米。同时，因后膛装填方便快捷，射速明显提高。卡瓦利成功了，尽管新式线膛炮还有许多地方需要完善，探索之路还很遥远，但它已具备现代火炮的雏形，卡瓦利使火炮技术完成了一次里程碑式的跨越！

前装炮的终结

新旧事物的交替是需要时间的，从前装滑膛炮过渡到后装炮花了 30 年的时间，现在让我们来回顾一下这段漫长曲折的过程。

后装炮的问世，为火炮的发展开拓了一片崭新天地，但要达到实战水平，还有许多问题亟待解决，当时制造业的工艺水平也有一定差距，解决上述问题可谓困难重重。发明家阿姆斯特朗向困难发起冲击。他对前期的后装炮进行认真分析，发现问题是炮闩密封不严，造成气体泄露。他立即付诸行动，在卡瓦利成果的基础上，研制成功了更为完善的阿式后装线膛炮。这种后装炮具有三大优点：炮尾装填炮弹、流程简化、射速快；闭锁式炮闩使火药燃气不外泄，对弹丸推力大、射程远；螺旋膛线使弹丸飞行稳定、命中率高。1858 年，膛线炮委员会选中了阿姆斯特朗的设计，英军选中 6 个型号并投入生产，所用炮弹的重量 2.72～49.9 千克。如果说卡瓦利的贡献是将后装线膛炮送到靶场，那么阿姆斯特朗的贡献就是将后装线膛炮送上战场。

与所有新式武器一样，阿姆斯特朗的火炮并非完美无缺。例如，复杂精密的结构容易出现故障，铜制的紧塞装置易产生锈蚀和裂缝，对炮手的素质要求很高，最重要的是火炮非常昂贵，军费开支压力巨大。这些问题给了前装炮支持者反对阿式后装线膛炮的理由。1865 年，军械委员会建议重蹈覆辙，退回到前装炮。他们坚信前装炮结实耐用、安全可靠，而阿式后装线膛炮华而不实。这样英国炮兵和海军都转而采用前装炮,前装炮风光重现,后装炮又受冷落,不休的争论看似有了结果,不料一场意外事故使情况发生了反转。

事故发生在英国军舰"朱庇特"号上,该舰主炮是一对重达 38 吨、口径 305 毫米的重型加农炮。1870 年 1 月 2 日,这两门巨炮装上炮弹准备发射,然

● 后装炮

而，开炮时只有一发炮弹点火发射，而另一发炮弹并没有被点火发射，依然留在炮膛里。因为这两门大炮平常都是同时开火，人们并没有察觉到其中一门没点火发射。灾难悄然来临，官兵却浑然不知，当两门火炮再次装入弹药后，那枚未点火的炮弹上面又加上一个39千克的发射药包和一发363千克重的炮弹，发射时灾难发生了，装有两发炮弹的加农炮发生内部爆炸，顷刻间火炮面目皆非，炮手全部毙命，甲板上的其他人员非死即伤……这场灾难如同一颗沉重的砝码，将争论的天平倾向了阿姆斯特朗。

  火炮界关于前装和后装的争论至此结束，大家普遍认为阿姆斯特朗是正确的，他们的逻辑是：如果采用阿姆斯特朗的设计，舰炮从后面装填炮弹，士兵就会发现未发射的炮弹，事故就绝不会发生！从此以后，阿式后装线膛炮成为主流，被不断完善和生产，遍布欧洲的陆地，环视世界的海洋，阿姆斯特朗的名字也被载入了火炮发展的史册。

阿尔弗雷德的大炮王国

19世纪中期的德意志联邦有34个邦国和4个自由市,他们各自为政,军事独立,一盘散沙。德意志联邦要想强大,必须完成统一。

当时,在德意志联邦中,普鲁士和奥地利是最大的两个邦国。1862年,俾斯麦就任普鲁士首相,他决心采取"铁血政策"统一德国,由于政府的倾力相助,普鲁士的军事工业迅速发展,在埃森地区崛起了一个世界闻名的巨型兵工企业——克虏伯公司。公司的主人阿尔弗雷德·克虏伯是一个传奇人物,他1812年出生在克虏伯家族,14岁便掌管家族企业,经过艰

克虏伯大炮

辛的努力，在19世纪中期克虏伯公司已成世界钢铁巨头，1862年引入了最先进的钢铁冶炼技术，并开始大力研发制造武器。阿尔弗雷德有着敏锐的政治嗅觉和清醒的商业头脑，他将家族的企业与普鲁士的战车捆绑在了一起。阿尔弗雷德不仅是俾斯麦政府"铁血政策"的狂热支持者，而且还是一个天才的兵器技术专家。1864年，他博采众长，潜心研制出性能优良的火炮，他对炮用钢材进行了重大改进，使其机械强度达到其他炮用料材的2～4倍。在克虏伯公司里，当时世界上性能最佳的全钢后装线膛炮大规模生产，各种口径的全钢火炮源源不断地装备到普鲁士军队，使得"铁血政策"有了精良大炮的强力支持。

1866年6月，普奥战争拉开序幕，兵力总数占优的普军，装备着优良的武器，开战仅半个月即获全胜。从此奥地利退出联邦，俾斯麦"铁血政策"取得了第一个巨大胜利，建立了以普鲁士为首的北德意志

克虏伯大炮

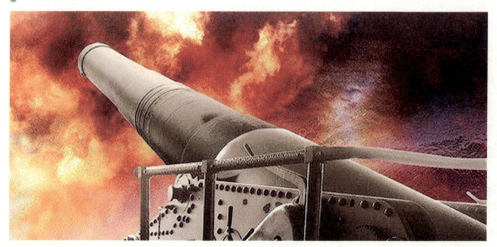

联邦，下辖22个邦国和3个自由市，人口3100万。由于法国干预德国统一，1870年普法战争爆发。9月1日，普法两军在色当会战，十几万法军受到普军夹击，被挤压到纵深和正面仅三四千米的弧形地带，普军的数百门克虏伯大炮对法军狂轰滥炸，法军阵地火光冲天，血肉横飞，惨不忍睹。由于法军的火炮技术落后，射程较近，几乎无法与之抗衡，最终拿破仑三世率39名将军和8万名士兵向普军投降，普法战争宣告结束。此战中法军损失12.4万人，丧生在克虏伯大炮下的士兵不计其数。

1871年1月，普鲁士国王威廉一世在凡尔赛宣告德意志帝国成立，至此德国完成了统一大业，克虏伯公司也成了欧洲的军工霸主。在德国统一的两次战争中，克虏伯公司为普军的胜利做出了重大贡献，克虏伯大炮用它的巨响向世界宣布，德国制造堪称一流。

火炮与近代中国

　　火药作为中国古代四大发明之一，一经应用便引起世人的高度关注，唐、宋两代对其军事上的应用进行了不断探索与实践，到元、明两朝火器技术已日趋成熟，火炮已成为中国军队的重要装备。

　　中国的火器技术传入欧洲后，得到了迅速发展。到了明朝中期，中西方的火炮技术水平已不分伯仲。自此以后，由于政治、经济和军事方面的原因，中国的火炮技术停滞不前，西方列强火炮技术快速发展，甚至超过了中国。19世纪中叶，西方列强用坚船利炮打开了中国的国门，中国人民也开始了反对帝国主义侵略和反对封建统治的斗争。

明军利器——佛郎机炮

15世纪末到16世纪初,欧洲出现了一个强大的海洋帝国——葡萄牙。富有探险精神的葡萄牙人凭借高超的航海技术,发现了非洲的好望角,开辟了通向印度洋的新航路,一路东侵,舰队的风帆很快出现在东南亚诸国的海岸,在那里,他们获得了关于中国的情报。中国这块神秘而巨大的"黄金乐土",诱惑不言而喻,鉴于中国是一个统一的强大国度,葡萄牙人认为采取强硬政策无益,决定和中国先进行正常贸易,而后视情而变。1517—1521年,葡萄牙先后四次派使臣和明朝接触,希望能够和中国通商。在屡遭拒绝后,葡萄牙人于1522年派出5艘军舰在珠江口外锚泊,试图以武力为后盾,强迫广东地方官员同意

佛郎机炮

其占据东莞境内的屯门岛，建立商站，开展贸易。在遭拒绝后，葡萄牙舰队在马尔丁的指挥下，经过屯门直奔西草湾；明军早有准备，集合了96条战船应战，以数量上的优势弥补质量上的不足。深夜，明军以火船为先锋，对葡萄牙舰队突袭，著名的西草湾海战爆发，经过激战，明军大胜，葡萄牙人损失战船2艘，马尔丁等42人被杀或被俘。西草湾海战中，明军缴获葡萄牙人20门舰炮，明人将葡萄牙国称为佛郎机，因此将这些舰炮也称为佛郎机炮，著名的佛郎机炮就这样漂洋过海来到了中国。

佛郎机炮实际上就是一种后装填短管加农炮，与当时明军装备的火铳相比，已有根本性的区别，不论是技术水平还是制造工艺都远在其上。该炮的优点在于采用了母铳和子铳结构。母铳即炮筒，大型佛郎机炮的炮筒长达5～6尺，炮筒长的好处在于燃烧膨胀的气体对弹丸作用时间长，使其初速大、破坏力强、射程更远。子铳实际上就是小火铳，它的作用类似于日后出现的定装炮弹，每门炮配4～9个子铳，事先装填好弹药，作战时装入子铳，发射完毕后将空子铳退出，换装新子铳。由于可以轮换装填，佛郎机炮减少了现场装填时间，从而大大地提高了射速，而明军装备的火铳采用现场装填散火药及弹丸的方式，前部装药操作烦琐，射速极慢，与佛郎机炮无法相比。佛郎机炮不仅具有较大的装弹室，安装子铳比较方便，而且筒壁较厚，能承受较大的压强，保证了火炮的发射安全。佛郎机炮安装有照门和准星组成的瞄准具，可以对远距离目标进行瞄准，命中率得以提高。佛郎机炮两侧安有炮耳，以便安装在架座上，这样就可以调整俯仰射角，控制射程，有的佛郎机炮还安装有简易旋转装置，能使炮身在一定范围内左右旋转，扩大了射击范围。佛郎机炮由于子铳和母铳紧贴嵌合，火药燃烧后气体不会外泄，从而保证了发射威力。综上所述，佛郎机炮的整体性能使明军火器只能望其项背。

明朝从葡萄牙人手中得到佛郎机炮后，立即着手仿制。嘉靖元年（1522年），广东巡检何儒在葡萄牙人那里看到佛郎机炮后，就想办法从葡萄牙船上华工那里取得了一些相关资料，为以后仿制火炮提供了有利条件。嘉靖二年（1523年），南京开始仿制佛郎机炮，经过研制改造，制成大样、中样、小样三种，共32付，发各边防军试用，其中有铁铸也有铜铸。据《明会典·军器军装》记载，嘉靖三年（1524年），明朝廷军器局在南京将佛郎机炮定型，随后转入大批量生产，而且不断加以改进。从此，佛郎机炮陆续装备到明朝军队。史料记载，仅嘉靖七年就制造中样的佛郎机炮4000门，由此可见明廷对该炮的重视程度。随着各种规格型号的佛郎机炮陆续制造，其最终成为明军的主要装备之一。

佛郎机炮的广泛使用，对中国以后的军事领域产生巨大影响。第一，发展了明朝的火器制造业。明初的火铳技术曾具有当时世界先进水平，但随后承平日久，火器发展停滞不前，到嘉靖年间已明显落伍，佛郎机炮的改进与生产，使明朝追上了世界火炮发展的步伐。第二，改善了明军的装备。佛郎机炮安装到战船上后，火炮的射程、射速较老式火铳大幅提高，水军战斗力有显著提高，陆军则以佛郎机炮为基础，建成由步兵营、骑兵营、车炮营和辎重营组成的合成军，军队中热兵器的占比已相当可观。第三，边防实力大大增强。由于边塞增加了重型火器，防御能力显著提高，应对来犯之敌更显轻松。第四，作战方式发生重大变化。佛郎机炮射程、射速和威力均远超火铳，军队装备后作战方式必然变化，远距离的火力攻击改变了战场原有的空间概念，密集的火力迫使攻守

佛郎机炮

双方改变以往的作战队形。佛郎机炮使明朝原先以冷兵器为主的作战逐渐转向现代火器作战，弓弩的使用价值随之降低，这些变化对将领和士兵都提出了新的挑战，他们需要学习与之相适应。

由于明代在仿制佛郎机炮的过程中，对西洋火器的认识尚处于混沌、笼统的阶段，不具备对其进行脱胎换骨的改造能力，加之当时明军的主要作战对象是海匪流寇，佛郎机炮已是游刃有余，因此，佛郎机炮未曾得到重大改进，只是进行了稍微改动和复制。在有限的铸造水平下，仿制的佛郎机炮必然出现各种缺陷，如制造精度不够、发射时后膛泄气、身管与炮口比例不合理、杀伤破坏力有限，这些缺陷在明朝后期战争日益激烈的情况下，使佛郎机炮显得力弱难胜，在多种原因的作用下，中国火炮发展再次无奈地落后于西方。如果站在历史的角度客观地看，佛郎机炮在中国火器发展进程中具有十分重要的意义，它实现了中国热兵器由火铳到火炮的跨越！

抗倭神器——虎蹲炮

明朝中叶，中国东南沿海及附近山区倭寇猖獗，烧杀抢掠，无恶不作。1555 年，抗倭名将戚继光由山东调任浙江，率军打击倭寇。通过初期作战，戚继光发现：明军装备的火器不如人意，鸟铳虽然准确、轻便，但威力太小，难以对付大队敌人；佛郎机炮火力较强，但体型笨重，在东南沿海水田、山地和丛林等地形条件下无法携带。因此，他计划研制一种火炮，既要有打击大队敌人的火力强度，又要有防御时控制险隘的能力，还要便于在复杂地形下携带行军。按此要求，一种全新的火炮很快被制造出来。火炮用熟铁铸造而成，为便于射击把炮摆成一个固定的姿势，炮头由两只大铁爪架起，形似虎蹲故而得名。虎蹲炮重 36 斤，炮身长 2 尺，口径 40 毫米，管壁厚 24 毫米。每次发射用 400 克火药，可发射 25 克重的铅弹 100 枚，或 50 粒更大的弹丸。为防止弹丸过小、过

● 虎蹲炮

散而炮膛较大导致气密性不足，可以用1.5千克的大铅弹封住炮口，这样射程也大大增加了。虎蹲炮展开射击速度很快，当与敌相遇时能先敌开火获得主动。另外，由于其弹道弯曲，可以大仰角射击，与现在的迫击炮有着异曲同工的用处。经过几次战斗验证，虎蹲炮非常适合山地水网对倭寇作战，因此，在戚家军中，平均每500人装备3门虎蹲炮。有了虎蹲炮，戚家军如虎添翼，在对倭寇作战中接连取得多次重大胜利，经多年作战，明军在1565年终于荡平倭寇，中国东南海疆基本平定。

在北方抵御蒙古入侵中，虎蹲炮也发挥了重要作用。南平倭寇后，戚继光被北调御敌，作战对象是蒙古骑兵。他北上时组建了新的骑兵营，每营有官兵2700人，配虎蹲炮60门，随骑兵一同行动，使其火力得到加强。在与敌骑兵作战中具有火力上的优势，这是明军对蒙古骑兵作战多次获胜的重要因素之一。虎蹲炮在南平倭寇的战斗中，表现出色，但对手毕竟是散兵游寇，虎蹲炮真正经受大规模战争考验是在万历年间的援朝战争，当时明军所面对的对手，是身经百战的日本军队主力。在这场战争中，虎蹲炮表现最出色的是平壤之战。万历二十二年，明军围攻侵占平壤的日军，战斗一开始，发起进攻的明军用佛郎机炮、虎蹲炮，在火箭配合下猛轰平壤城，有史料记载"诸炮一时齐发，则声如天动，俄而火光烛天。"由于明军炮火猛烈，又加火势随西风在城内蔓延，很多日军死于非命，其余狼狈逃窜，明军大胜。

● 虎蹲炮

　　明朝末期,后金迅速崛起,其军队日渐强大。在辽东战场的运动战中,明军屡屡受挫,被迫转入战略防御,构筑宁锦防线,主要使用西洋引进的大型火炮守城,而轻巧灵活的虎蹲炮则相形见绌。在内外交困的明朝覆灭后,虎蹲炮难现昔日威风,逐渐淡出视野。

　　虎蹲炮作为明代自创火炮的代表,是一个时代兵器发展的缩影,它为中华民族抵御外敌入侵做出了贡献。

袁崇焕与宁远之战

1619年,萨尔浒之战结束,明军惨败,后金军大胜,辽东战场的主动权就此易手。明朝在山海关以外仅剩锦州、宁远等少数据点,失去了辽东大部分土地,中原王朝面临北方少数民族巨大的军事压力。萨尔浒之战的失败震惊朝野,加强辽东各城防卫势在必行,明朝派员设法向澳门葡萄牙当局购买新式火炮,经一番周折后,第一批4门火炮于1621年运抵北京,经试射威力远超原有的大型佛郎机炮,1624年又增购22门,其中11门调往辽东重镇宁远,用以加强对后金的防御。这些新式大炮被误认原产自荷兰,因荷

红夷大炮

兰人红发而被称为红夷，因此这种大炮便得名——红夷大炮。

1626年，后金大汗努尔哈赤率军13万西渡辽河，直逼宁远城下，企图一战攻克这个明军在关外的重要据点。此时，宁远守军1万余人，守将是名不见经传的袁崇焕。1623年，袁崇焕到任后立即备战，修筑城池，加固宁远城及其四周附城铳台，配置各种火炮，其中就有从京城调运来的11门红夷大炮。为了提高红夷大炮的使用效果，还专门调来经葡萄牙人训练的炮师，担任宁远守城火炮把总，训练红夷大炮操炮方法和守城战法。后金军队将宁远城包围之后，写书劝降，袁崇焕严词拒绝，并令炮手发炮，毙伤后金军数十人，迫使其移营向西。第二天清晨，后金军在牌车、后盾的掩护下使用钩梯、火箭等攻城器械，猛攻宁远城西南角，城上发射红夷炮弹，击杀后金军多人，迫使其转攻远南门，战斗更加激烈，城上铳炮齐发，红夷大炮巨大威力摧毁牌车无数。侥幸接近城墙的后金军，又遭到城东南和西南两角铳台火炮交叉火力射击，死伤惨重。双方激战3天后，后金军在守城明军红夷大炮、中小型火炮和其他兵器射击下伤亡1.7万人，攻城器械尽毁。努尔哈赤亦中炮负伤，无奈之下，只得下令撤围，遭遇其用兵44年来最严重惨败。1626年8月努尔哈赤因郁愤去世，经明远会战，明军对红夷大炮有了直观认识，积累了许多火炮在城防作战中的经验，特别是作战中与其他火器配合使用更是可圈可点。反观后金军队，面对宁远城的防御体系，并无针对性的攻城方法，只能依靠士兵英勇

红夷大炮

冲杀，在红夷大炮及中小型火器组成的火网下付出了巨大伤亡代价，却收效甚微，最后只能无功而返。

宁远会战是明军自抚顺失陷以来首次获得的重大胜利，明军以不满2万人的兵力成功击退后金五六万人的攻城部队，极大鼓舞了明廷和军队的士气，暂时缓解了后金军队的进攻，为加强辽东防御赢得了宝贵时间。战后，明将袁崇焕升任兵部右侍郎巡抚辽东，同时下令工部多造西洋大炮以加强御敌。此后，红夷大炮逐步走上中国近代的战争舞台。

神威无敌大将军炮重击沙俄侵略者

16世纪之前,俄国仍是欧洲一个国土面积不大的封建农奴制国家,同中国相隔万里。16世纪初,俄国开始四面扩张。明朝崇祯年间,俄国的势力范围已进入东西伯利亚,后来又越过外兴安岭侵入中国领土。由于当时中国正处于明朝与后金的战争,无暇顾及北部边疆,俄国人得以恣意横行、得寸进尺。17世纪中叶,沙俄侵占了黑龙江上游的中国领土雅克萨,企图以此为据点继续南侵中国。而后沙俄利用清廷对三藩用兵之时,霸占中国大片土地,抢掠财产,残害中国民众,清廷多次要求其撤出,但均无回音,清廷决定使用武力驱除沙俄军队。

1685年,康熙命都统彭春赴瑷珲,收复雅克萨。在此之前为驱除沙俄侵略者,清廷做了充分准备,在黑龙江地区增设10个城池,加强对该地区的管理和战备,调兵遣将、勘察地形、设驿站、储军需、造船铸炮,并派兵驻扎于瑷珲、呼玛等地。1685年4月,清军3000余人在都统彭春率领下,从瑷珲出发水陆并进到达雅克萨,5月22日对其合围。清军向沙俄侵略军头目托尔布津发出通牒,令其投降,沙俄军队自恃城防坚固,拒不从命,负隅顽抗。5月25日黎明,攻城战斗从炮击开始,清军用神威无敌大将军炮和红夷大炮等火炮从三面轰击,杀伤城内守敌100多人,摧毁了所有城堡和塔楼。次日清晨,清军又在城下三面积柴,声言火攻。俄军指挥托尔布津身陷绝境,乞求投降,率600余人撤往尼布楚,被俘而自愿留在中国的俄军 100 多人，被编入镶黄旗。从此，沙俄窃据 20 年之久的雅克萨被清军收复，清军胜利后随即回师瑷珲。

沙俄侵略军被迫撤离雅克萨后，贼心不死，继续拼凑兵力，图谋再犯。当年秋季，莫斯科派出 600 名援兵前往尼布楚，当得知清军撤走时，侵略军头目托尔布津率大批俄军卷土重来，在雅克萨重新筑城，以图久驻，并四处抢掠大清边民，无恶不作。俄军背信弃义之举令清廷上下愤慨，1866 年初，康熙下令黑龙江将军萨布素率军讨伐。7 月 24 日，清军 2000 多人进抵雅克萨城下，将其围困，勒令托尔布津投降，托尔布津不予理睬。清军开始用神威无敌大将军等各种火炮向城内齐轰，俄军胆战心惊，挖洞穴居，鏖

神威无敌大将军炮

战 4 昼夜，800 人的俄军只剩下百余人，托尔布津被击毙。接着清军在城外掘壕围困，断其水源，并截击俄军 5 次突围，俄军伤亡惨重，仅剩 20 余人，弹尽粮绝，朝不保夕。沙俄摄政王请求清军撤围，然后派使议定边境，清廷答应所请，随后沙俄侵略军残部退回尼布楚，第二次收复雅克萨战斗结束。中俄双方于 1689 年缔结了《中俄尼布楚条约》，确定了两国东段边界，自此中国东北边疆获得了一个半世纪的安宁。

在抗击沙俄的雅克萨自卫反击战中，神威无敌大将军炮战功卓著。该炮为铜制前膛炮，上有铭文：大清康熙十五年三月二日造。炮重 1137 千克，炮长 2.48 米，口径 110 毫米。炮上有简单的瞄准装置，以提高射击准确率，每次发射装填 1～2 千克火药，炮弹重 3～4 千克，该炮可用木制炮车装载，多用于攻城。

明清两朝都习惯称大炮为神威无敌大将军炮，人们期望它像威武神勇的大将军，百战百胜，这或许是东方文化的一个特点吧。在两次雅克萨攻城战中，8 门神威无敌大将军炮摧毁沙俄的城防建筑，大量消灭其有生力量，给予来犯之敌沉重的打击，为保卫祖国疆土做出了贡献，神威无敌大将军名不虚传。

明、清火炮状况的反转

1627年，明朝崇祯皇帝即位，清除魏忠贤宦官集团，恢复了徐光启的官职，并重用袁崇焕抵御后金。徐光启是中国历史上少有的军事理论人才，对火炮的引进、发展和使用都有独到的见解，对火炮在城市攻防中的运用、火炮部队的编成以及炮兵与骑兵步兵配合作战等方面都有探索。他描绘了令人振奋的发展蓝图，并先后购买了数量可观的西洋大炮，还聘请葡萄牙炮师训练明军炮手，就火炮装备方面而论，明军处于优势地位，有望利用这个优势恢复辽东战场的主动，但一场叛乱导致所有希望化为泡影。

1631年，后金皇太极率军围攻明军关外要地大凌河（今辽宁凌海市），11月，明朝登州参将孔有德奉命率兵前往救援，行至吴桥天降大雪，众人饥寒交迫，孔有德带领3000名兵卒哗变反明，一路杀回登州，在登州守将耿仲明的配合下占领该城。登州是明军辽东作战的最大后勤基地，又是明军制造新式火炮

松锦会战

和训练炮手的基地。登州的失陷致使近百名葡萄牙炮师、工匠以及大量经过训练的炮兵俱为叛军所获,城中储备的20多门西洋大炮和3000多门中型火炮,也一同落入叛军之手,明军蒙受巨大损失。

明军祸不单行,正当孔有德、耿仲明反叛之时,被皇太极围困在大凌河近百天的明军,城内弹尽粮绝,援兵多次救援均遭惨败。经皇太极反复劝降,明军一代名将祖大寿率部投降,城中红夷大炮、将军炮等各型火炮3500门,以及大量弹药,一同易主。1633年,孔有德、耿仲明率部降金,至此明军火器优势丧失殆尽。

在火炮发展过程中,后金与明朝的命运截然相反。宁远之战的失利使皇太极醒悟,对火炮在战争中的作用有了深刻的认识,他认为只靠八旗弓马骑射对抗明军,不仅难以取胜,而且必然造成大量伤亡,于是决定学习火器制造技术,仿制红夷大炮和鸟铳,从而提高后金军的作战能力。

1631年,后金仿制成功了第一门红夷炮,实现了从无到有的跨越,随即开始训练官兵操作火炮。由于满人文化落后,难以掌握火炮射击技术,当时操射火炮的队伍以满人为官,汉人为兵。炮队建成后陆续得到仿制的火炮,规模逐渐扩大,成为后金攻城作战的重要力量。在大凌河之战中,后金军动用了40门红夷炮与守城及前来增援的明军展开了激烈炮战,在骑兵、步兵协同下,最终取得了胜利。大凌河之战开创了后金战史上重炮攻城的先河,此后后金对火炮发展更加重视。在后金与明朝对峙阶段,后金火炮主要来源于战场缴获所得，尤其是大凌河之战和孔有德、耿仲明军队的归降，使后金军获得大量火炮与弹药。在自制火炮方面，后金非常注重火炮工匠的寻找、保留和使用，随后开始建立铸造场所，仿制红夷大炮等各型火炮，使其军队有了可靠的火炮来源。随着火炮数量的增多，后金军队也开始编制独立的炮队并逐步扩大，最终成为皇太极手中的王牌部队。到1639年，清军自制红夷大炮达60门，在火炮上的优势确立。在此后的松锦会战中，清军用红夷大炮攻城，战果显赫，明军关外主力全数被歼，火炮全部落入清军之手，只有孤悬关外的宁远明军尚存红夷大炮10门，而此时屯兵锦州的清军已有近百门红夷大炮，短短10年间明清双方在火炮的多寡优劣上完全反转。

　　导致这种情况的原因很多，需要全方位、深层次地分析才能得出令人信服的答案，但有一点毋庸置疑，那就是明朝君主昏庸，政权腐败，民心尽失，内外交困，这是明朝军事上失败的根源，也是历史发展的必然规律。

松锦会战

"红衣"盖不住的屈辱

18世纪70年代，英国开始向中国大量输入鸦片，19世纪初已达4000多箱，而到1839年猛增到40000箱之多，英国资产阶级因此大发横财。鸦片的疯狂输入，导致中国白银大量外流，并使吸食者在精神和生理上受到极大摧残，对中华民族构成重大威胁，于是清廷决定禁止鸦片进口，但英国商人置若罔闻，继续贩卖。

1839年6月，清朝钦差大臣林则徐来到广州，将收缴英国商人的237万斤鸦片在虎门海滩当众销毁，以示决心。为了鸦片贸易的巨大利益，英国政府很快做出向中国出兵的决定。1840年6月，侵华英军总司令懿律率舰40余艘，士兵4000多人，陆续到达中国南海海域。6月28日，英军封锁珠江出海口，中英鸦片战争爆发，英国侵华战争由此开始。在中英第一次鸦片战争中，英军凭借船坚炮利的优势，于1840年7月侵占了浙江定海，于1841年1月攻陷沙角、大角山炮台，2月下旬又攻陷虎门炮台，5月清军乞和与英国订立城下之盟《广州和约》，向英军交付广州赎城费600万银圆。此后英军得寸进尺，1841年8月攻陷厦门，1842年6月攻陷长江口吴淞炮台，宝山、上海相继失陷。紧接着英军溯江而上到达南京江面，腐败无能的清朝政府与英国政府签下《南京条约》，第一次鸦片战争至此结束。《南京条约》是中国近代史上第一个不平等条约，丧权辱国，割地赔款，中国开始成为半殖民地半封建的国家。

中英鸦片战争是处于资本主义上升阶段的英国

与腐朽没落的封建清帝国之间的战争,也是西方新兴的"军事工业体制"与中国古老的"军事农业体制"的冲突与较量。在4年断断续续的战争中,由于军事素质、武器装备、战略战术和后勤补给皆落后于英军,清军最终丧师失地,惨遭失败。这场中西军事技术不对称的较量,引发人们一系列思考,其中火炮的发展尤为值得探析。1631年,清军成功铸成"天佑助威大将军炮"——红夷炮,开始走上火炮的发展之路。1642年前后,清军以锦州作为火器生产基地,掀起了自开国来生产红夷炮的第一次高潮,所铸成的"神威大将军"复合金属炮,其品质已达到世界最高水平。清朝顺治年间,出于消灭南明政权的需要,清军掀起了红夷炮生产的第二次高潮。康熙年间,清军掀起第三次造炮高潮,将红夷炮的制造推向顶峰。此时,无论是造炮规模、数量、种类,还是火炮自身的性能和工艺等方面,清军都已登峰造极。后来,随着统治政权的渐趋稳固,清廷对火炮的发展关注程度开始减弱。进入18世纪,中国出现了长期的安定局面,虽然几次对外用兵,但对象都是武器落后的少数民族武装,清军占有火器上的绝对优势,取得了一系列胜利,这些胜利掩盖了真正的危机,清军不再加强武备,铸炮技术亦因此停滞不前。直到中英鸦片战争之前,清军的军事装备还是冷热兵器混用,主导型火炮(红夷大炮)技术仅相当欧洲17世纪水平,火药还是传统的黑色火药。总的看来,清军的火炮已远远落后于西方。清军在火炮的使用和管理上亦相当混乱,据有关文献记载,到中英鸦片战争前,清军有许多火炮年久失修，性能变差，不堪使用，使沿海要冲防御能力大打折扣。

英国乘政治革命、技术革命、工业革命和军事革命四大巨轮，率先走向近代化，成为世界一流强国。先进科学技术的引领、优质材料的应用和规模化工业生产，使英军的火炮性能远超清军。在这场战争中，火炮水平的差异直接影响了最终的结局。和英军装备的舰炮相比，清军的海防火炮弱点诸多：一是射程近。珠江海口宽3550米，在海口两侧大角、沙角炮台上3000斤的大炮，因射程不足，不能对海口实现火力封锁，无法拦击闯入珠江口的英国军舰，而英舰则在清军火炮射程之外对其进行炮击。二是射速慢。对快速移动的英军舰船来说，有利的射击机会难以把握。三是部分火炮陈旧。例如，虎门炮台大炮，年代久远，发射无力，故障频发。四是新铸火炮质量差。由于钢铁冶炼水平不高，再加上官商勾结偷工减料，使火炮质量不可靠，新炮炸裂事故不断。五是火炮笨重。大多火炮采用固定式安装，射界受限，对运动目标射击力不从心。上述这些致命的弱点导致清军在战斗中非常被动，尽管将士们浴血拼杀，终究无力回天。反观英军，侵华舰队并非一流主力，但战斗力却远超清军，侵华初期的16艘战舰共装备舰炮540门，3艘英舰装备的火炮数量就相当于虎门各炮台海岸炮的总和，由此形成了明显的局部数量优势。在火炮质量方面，英军火炮钢铁质量较高，能承受更大的气体压力，可靠耐用。英军火炮有瞄准测量用具，射击准确率高于清军。

除了火炮技术，英军的炮弹技术也远超清军，在远距离攻击时使用实心弹，依靠冲击力和破裂的弹片毁伤对方，在近距离使用爆炸弹，由引信控制爆炸时机，威力大增；而清军的爆炸弹则是在发射时由炮手点燃，飞出炮膛后，爆炸时间难以精确控制。英军使用的发射药配方更为科学，烟雾小、能量大。此外，英军炮手的操炮水平明显高于清军，弹道学理论对他们有很大指导和帮助作用。实际战斗中，英军凭借丰富的攻击堡垒经验，针对清军炮台"长墙高台"式的露天建筑缺陷，以多艘军舰集中火力猛攻清军一处炮台，火力强度在清军6倍以上，得手之后立即转入对另一炮台的攻击。这种战术优势使清军防御变得十分困难，这也是英军舰队长驱直入、横行无忌的重要原因。

虎门炮台

中英鸦片战争距今已近两个世纪，这是一场将中华民族引向痛苦深渊的战争。清朝腐朽没落的封建制度，统治集团的软弱无能和愚昧落后的思维方式导致国力衰弱，科学技术、军事技术全面落后于西方等，这些因素都是造成这场灾难的元凶。由于"夷"字犯清代满族的忌讳，红夷大炮便更名为红衣大炮。清军海防有数量众多的红衣大炮，但"红衣"却无法遮挡民族的耻辱。

世界大战中的火炮

20世纪发生的两次世界大战,是人类历史上巨大的劫难。几千万人殒命于战火,经济上的损失无法估算。军事工业的快速发展,使交战双方投入了大量的现代武器作战,从而使战争变得尤为残酷。火炮作为主要装备被大量使用,在战争中起到了至关重要的作用,第一次世界大战交战各国投入火炮有7万门左右,而在第二次世界大战中,苏德美英四个主要参战国就生产了近200万门火炮和24亿发炮弹,可以说两次世界大战是火炮主导的战争。同时,战争也促进了火炮及其他兵器技术更快的发展,并对战后的战争形式及军工产业发展都产生了深远的影响。

法国"75 小姐"

19世纪后期,法国军事专家们进行了一场激烈的争论,争论的焦点是吸取普法战争惨败的教训,决定今后究竟是采取进攻战略还是采取防御战略,最终权威的结论是采用进攻战略。在此背景下,法国陆军决定开始研制新型野战炮,用于进攻作战,研制在高度保密的情况下进行,历时两年,一波三折,终于在1896年由德维尔上尉拿出了令人满意的设计方案。法国军方对这款火炮抱有极大期望,因为它在性能上满足所有的要求,慎重起见军方又用了22个月反复进行测试、改进,直到1898年5月28日才最后定型,名称为M1897型75毫米速射野战炮。1899年,法国"巴士底日"阅兵式上出现了该款速射炮的身影,它采用了当时所有先进技术,镌刻着时代的烙印。火炮使用价格昂贵的缠丝身管,采用成熟的制退复进系统,配用两种新型炮弹,使火炮射击精确、机动灵活,发射后炮管的快速复位和整体炮弹后膛装填,使火炮射速达到20～30发/分钟。法国75毫米速射炮因为性能优良,被士兵亲切地称为"75 小姐",被视为"镇军之宝"。从定型生产到1914年第一次世界大战时,该炮共装备部队4100门,这几乎是法国炮兵的全部。

第一次世界大战初期的作战形式主要是进攻战和运动战,"75 小姐"正是为此量身定制的。1914年的马恩河战役中,德法双方互有攻守、机动作战,9月6日凌晨,英法联军在马恩河北岸发起全线反攻,几万名法国士兵推着上千门75毫米速射炮向德国反扑

法国 M1897 型 75 毫米速射野战炮

过来。火炮迅速地向敌人倾泻了不计其数的炮弹，随后步兵发起潮水般的冲击，德军遭受重创，速胜计划被粉碎，法国人保住了巴黎并重新构筑防线，从此西线进入胶着状态。

"75 小姐"在马恩河战役中大放异彩，在此后的凡尔登战役中成为法军的中流砥柱。从 1916 年 2 月到 9 月底，1000 多门 75 毫米速射炮昼夜不停地向德军发射了 1600 万发炮弹，虽说风光无限，但也是无奈之举，因为当时法军其他型号的火炮寥寥无几。不久，漫长的消耗战开始了，960 千米长的堑壕横贯西线，铁丝网、机枪封住了步兵冲锋的道路，轻便灵活的"75 小姐"再也没有机会伴随步兵冲锋陷阵了，她射程不足，低伸的弹道对堑壕内的人员束手无策，而弹道弯曲的大口径榴弹炮在此时却大显身手，作战方式也自然变成了大口径炮远距离对射。特殊的战场情况使"75小姐"失去了用武之地,直到战争结束。

人们对M1897型75毫米速射野战炮在第一次世界大战中的表现毁誉参半、褒贬不一。客观地说,"75小姐"是非常优秀的火炮,但战场环境的变化和差异会造成截然不同的结果,武器装备只有在适合的战场环境下才能充分发挥出它应有的作用。一个世纪过去了,马恩河上空早已硝烟散尽,但"75小姐"的名字依然留在人们的记忆之中。

法国M1897型75毫米速射野战炮

索姆河屠宰场

1916年6月，英法联军为突破德军防御同时减轻凡尔登方向德军施加的压力，转入了运动战，集结重兵于法国北方的索姆河地区，对德国号称最坚固的防线发起大规模进攻，这就是著名的索姆河战役。因法军在凡尔登方向投入大量兵力，英军成为会战的主要力量，英法联军最初投入39个师（其中英军25个师），装备有飞机、火炮和坦克等重型武器。德军在宽58千米的正面构筑了以坑道为核心的三道防御阵地，阵地全纵深7～8千米，配置了上千门火炮和大量机枪，以及充足的弹药、食品和药品等物资。

双方准备5个多月的会战打响了，6月24日起英法联军开始了长达7天的炮火轰击，2000多门火炮将35万发炮弹狂泄到德军阵地上。7月1日清晨，英军步兵发起冲锋，在主攻方向突破了德军的第一道防线，但在左翼却发生了灾难。英军以密集的队形前进，遭到德军火炮的猛烈轰击，没有任何防护的士兵血肉横飞，德军的马克沁机枪不停地扫射，将成片的英军士兵撂倒。第一天英军以6万人的伤亡结束冲锋，这

英国BL8英寸（203毫米）重型榴弹炮

索姆河战役

是英军史上最惨烈的一天。

以后的一段时间双方均无实质性进展,英法联军于7月中旬再度发起进攻,以较大的伤亡占领了德军的部分阵地,但没能发展成战役突破。不久,英法联军调集58个师的兵力展开第三次进攻,面对德军顽强的防御又付出惨重的代价,几天才推进了2~4千米。双方不断投入兵力、武器和弹药,继续进行着死亡游戏,英法联军的火炮造成德军重大伤亡,而德军深达10米的坑道却保存了有生力量,一旦炮击结束,他们就迅速返回地面阵地,用火炮和马克沁机枪射杀敌人，无数生命就这样被炮火吞噬。进入秋季后气候逐渐恶化，由于阴雨连绵、道路泥泞，巨大的消耗使双方筋疲力尽，战斗逐渐平息直到11月完全停止。

索姆河战役中，英法联军伤亡79万4千人，未能突破德军防御，仅向前推进了5～12千米，未能实现战略计划，但这也缓解了凡尔登地区德军对法军的军事压力。此役，德军损失53万8千人，虽然损失了240平方千米的壕沟阵地，却成功地破坏了英法联军的战略目标。100多天的搏杀结束了，130万的伤亡人数，使索姆河成为屠宰场。

造成这场灾难的原因是多重的，就战术层面分析：面对狭窄的防御正面，在炮火未能有效摧毁对方坚固的防御工事的情况下，就让大队步兵排成密集队形，进行连续不断的冲锋，面对火炮和机枪组成的密集火力网却毫无防护，这是造成灾难的直接原因。值得我们深思的是，到底谁是索姆河地狱的真正制造者呢？

陨落的流星——巴黎大炮

1918年3月23日，法国首都巴黎晨光明媚，大街上车来人往。7点15分，市中心的塞纳河畔响起了剧烈的爆炸声，建筑物震动、玻璃破碎，但无人伤亡。20分钟后，距第一次爆炸点2千米附近发生了第二次爆炸，8人被当场炸死，13人受重伤。随后又是一连串巨大的爆炸声，震撼了整个巴黎，到下午2时共发生爆炸21次，给巴黎这座城市造成了严重的破坏，同时引起了人们的极度恐慌。3月29日是耶稣受难日，死神又一次降临，下午4点30分，随着刺耳的呼啸声，一枚巨大的炮弹落到了巴黎市中心的圣热尔韦教堂的屋顶上，支撑拱顶的大石柱被炸断，数以吨计的石块坍落下来，造成88人死亡68人重伤的惨剧。巴黎当局立即展开了调查，因为当时巴黎晴空万里，并不见飞机的踪影，因此断定不是飞机轰炸，而德军战线远在110千米之外，他们火炮的最大射程只有30千米，根本打不到巴黎。凶手是谁？如何作案？下面让我们解开这个谜团。

这个制造爆炸的元凶是一门巨炮，它出自德国的克虏伯公司，它在100多千米外的阵地发射重磅炮弹轰击巴黎，这个射程在当时不可思议，它因为轰击巴黎而出名，所以德军叫它"巴黎大炮"。这门大炮口径229毫米，炮身近36米，若将炮身立起，炮口高度要超过10层楼房，火炮的总重量375吨，为解决机动问题设计师专门定制了在铁轨上行驶的车轮，巨大的旋转盘可以使大炮水平旋转射击，每发炮弹重量

巴黎大炮

125千克，430磅的发射药可以使大炮以1676米/秒的初速度把弹丸射向万米高空，然后在极小的空气阻力下飞行，最后在重力作用下成弧线轨迹坠落，最大射程可达到129千米。1918年3月至7月，巴黎大炮从圣戈班森林向100多千米外的巴黎射击，共发射了370多发炮弹，引发了巴黎人旷日持久的恐慌。

战争催生的巴黎大炮种种缺陷与生俱来。第一是精准度太差。炮弹射出后偏离目标达两三千米，很难击中战略目标，实际运用效果并不明显。第二是大炮机动性能太差。行动完全依赖铁路，发射准备、转移阵地等过程相当复杂，费时费力。第三是发射速度太慢。每发射一发炮弹要10多分钟。第四是炮管使用寿命短。发射60发炮弹后就无法使用，只能拆下运回工厂处理。加之法国组织前沿炮兵袭击等诸多因素，使用了140多天的巴黎大炮终因实用价值不大，退出战场，昙花一现成为历史。

战场是检验武器的权威场所，巴黎大炮在某些技术上是成功的，但在战场作用上却是个失败者。靠几门大炮就能决定战争胜负的想法不切实际，当协约国的进攻将德军驱退后，巴黎就在它射程之外了。巴黎大炮为战场匆匆而生，稍逝就被战场淘汰，这便是宿命，巴黎大炮的威名如流星一般一闪而过。

克虏伯夫人之名——"大贝尔塔"巨炮

19世纪末到20世纪初,欧洲各国为守卫疆土修建了无数的堡垒要塞。为此,第一次世界大战开启了重型火炮的全盛时代,因为只有威力无比的巨炮才能摧毁坚固的堡垒,打开前进的通道。

1914年8月,德军越过边境,企图占领比利时并进逼法国,但是在列日城遇到比利时守军的顽强抵抗,寸步难行。列日城地处德国和比利时边境,是比利时的国家大门,战略地位十分重要,历时25年修建的列日要塞,是欧洲最坚固的防御体系之一。列日要塞保卫着默兹河口,由12座炮台组成,每个炮台均建在地下,炮塔、弹药库和指挥所有隧道相连。12座炮台共配备了400门重炮和速射炮,其中重型火炮被安装在钢制旋转炮台上,可在堡垒中升降。整个要塞有近4万人的比军坚守,可谓固若金汤、牢不可破。

8月5日,德军对列日要塞发起进攻。无数重磅炮弹在炮台四周爆炸,石土横飞,但也只削去炮台的一层混凝土,对守军毫无影响。德军步兵发起冲锋时,遭到炮台上火炮和机枪的猛烈射击,死伤无数,冲锋毫无进展。激烈的战斗持续一周,德军伤亡惨重,只得暂停进攻,闪击战术在列日受挫。列日要塞一时间闻名欧洲,比军对战局非常乐观。

天有不测风云,8月12日,神秘武器来到列日德军部队,它就是"大贝尔塔"巨炮。傍晚时分巨炮架设完毕,战场猛兽首露狰狞,高昂的炮口指向列日要塞久攻不下的蓬蒂斯炮台，炮手们在远离炮位200多米的地方电控发射。随着惊天动地的巨响，第一发炮弹飞向1200米的空中，划出弯曲的弧线从天而降，一分钟后落到地面，定时引信控制着820千克的炮弹穿透炮台，进入内部方才爆炸，顷刻间地动山摇，蓬蒂斯炮台尘土飞扬，石块飞向300多米的空中。重型的超级炮弹、弯曲的弧线弹道和精准的定时引信共同完成了致命的一击。炮击持续了一天，蓬蒂斯炮台中弹45发，土崩瓦解，幸存者寥寥无几。

8月13日，德军占领了该炮台。经过3天的轰炸，另外11个炮台的士兵都举手投降了。8月16日，列日要塞最后一个炮台被巨弹击中，弹药库发生了巨烈爆炸，比军将领勒芒被震昏，成为德军的俘虏……至

"大贝尔塔"巨炮

此列日战役结束，德军踏上进攻法国的道路。

列日战场硝烟散去，神秘的巨炮露出本来面目。"大贝尔塔"巨炮由德国克虏伯公司生产，以首席设计师古斯塔夫·克虏伯的夫人的名字命名。这款口径420毫米的巨型榴弹炮，专为攻克堡垒要塞而设计，重达42.6吨，由数台牵引车运输，由200名士兵进行操作，炮弹重达820千克，炮口初速度426米/秒，最大射程9300米，射速10发/小时，在当时，即使最坚固的堡垒要塞在它的轰击下也无法幸存。

"大贝尔塔"巨炮成为德军攻城利器，在攻占那慕尔要塞的战斗中又立战功，以后这支重炮部队还参加了对俄国的作战，并再次大获成功。军方的需求促使克虏伯公司制造了许多"大贝尔塔"巨炮投入战场，在漫长的战争中，它慢慢地不再称雄，因为要打击的目标已所剩无几。"大贝尔塔"巨炮笨重的身躯在战场机动十分困难，再加上炮管磨损老化很快，致使打击精度降低，致命的是"大贝尔塔"巨炮存在自身安全问题，发射后炮弹常常卡在炮管里而导致爆炸，许多"大贝尔塔"巨炮的炮管就是这样炸毁的。另外，战争后期德国战争资源已近枯竭，巨炮的后勤补给也很困难。种种原因使"大贝尔塔"巨炮雄风不在，难续辉煌。

一个世纪过去了，"大贝尔塔"巨炮已成历史，但每当人们提到列日要塞的战斗，就仿佛听到它那震耳欲聋的炮声。

"长脚汤姆"的艰难诞生

随着凡尔赛条约的签订，第一次世界大战宣告结束，世界政治格局发生了重大变化。欧洲各国伤痕累累，红色苏联出现在东方，美国人则对战争进行了全面深度的思考。他们认为，战争的幽灵并没因停战而消失，日本军国主义抬头，已对美国在太平洋的利益构成威胁……最终结论是：建立一支强大的军队应对新的挑战。

美国军方对装备的火炮进行评估，认为在1917至1918年过度依赖英、法的火炮，非常尴尬被动，于是1919年美军组建了由威斯特费尔特领衔的理事会。通过积极向英国、法国和美国的炮兵进行咨询，

美国155毫米M1型加农炮

理事会详细了解各类火炮的战场使用情况，对火炮性能进行全面分析后做出客观结论，以求知道美军当下需要什么样的火炮，将来又需求什么样的火炮。4个月后，理事会正式发布了调查结果，提出了建议，为美军未来的火炮描绘出蓝图，这也成为随后30年间火炮发展的依据。

美国人开始加速，志在领跑火炮技术领域，优秀产品之一就是著名的155毫米M1型加农炮，绰号"长脚汤姆"。155毫米M1型加农炮的诞生相当艰难。它的前身是法国的155毫米GPF远程加农炮，该炮公认是同口径火炮中最好的，装备到参加一战的美军部队中，并被授权在美国本土生产。美军直接将从法国人手中接收的GPF远程加农炮称为M1917型，而在本土生产的称为M1918型。这些火炮部署在美国漫长的海岸线，执行岸防任务。1920年，按威斯特费尔特理事会的规划，设计师们开始设计更好的M1920型155毫米加农炮，但由于它被视为海外合作项目，经费遭到削减，火炮未能定型。直到20世纪20年代末，部分结构的研制才重新启动，几经波折直到30年代，差点胎死腹中的"长脚汤姆"终得以问世。

"长脚汤姆"加农炮身管长7米，是口径的45倍，射程高达24千米，发射43千克的炮弹，射速40发/小时，战斗全重13.9吨。巨大的炮架由前后两组负重轮承载前行，在射击时将轮子全部抬起，炮架便能平稳地停在射击平台上，确保获得理想的射击精度。"长脚汤姆"的性能相当优秀，既有加农炮较远的射程，又有榴弹炮理想的弹道，可以一炮两用，所以也有人称它为加榴炮。这种 M1 型 155 毫米加农炮一经定型，美国的各军工厂就稳步开展生产，很快成为美军标准的重型远程火炮，主要执行反炮兵作战任务，美国人有了自己的理想火炮。此后，"长脚汤姆"走出美国，走向欧洲，走向世界反法西斯的战场。

● 美国 155 毫米 M1 型加农炮

红色经典——
苏联 M1938 型 120 毫米迫击炮

20 世纪 30 年代，年轻的苏维埃政权面对西方各国在政治上的围攻和经济上的封锁，已然成为一座"红色孤岛"，以苏联当时的工业水平和生产力尚不足以应对。面对严峻的国际形势，苏联最高层的决策是：必须利用现有资源加快苏军的武装步伐，以使这支武装力量迅速强大，担负起保卫祖国的重任。

陆军是苏联武装力量的重要组成部分。步兵虽然数量庞大，但火力配置明显不足，配发轻型火炮加强步兵火力强度迫在眉睫。迫击炮具有生产成本低、对原材料要求不高、加工工艺较简单等特点，便于进行大规模生产，因此，发展迫击炮非常符合苏联当时工业状况。同时，迫击炮还具有轻便灵活、便于掌握等特点，非常适合伴随步兵作战。就这样，大量的迫击炮被生产出来，配发到团级以下各作战单位，苏军步兵的战术变革从理论走向实践。

二战中，苏军使用的一系列步兵支援武器中，M1938 型 120 毫米迫击炮最为出色。该炮于 30 年代末生产，作为团级步兵支援武器装备部队，到 1941 年初，苏军已实现每个步兵团属迫击炮连装备 4 门 M1938 型 120 毫米迫击炮。为提高火炮机动能力，苏军还为迫击炮连配有专门的炮车和相应的马匹。M1938 型 120 毫米迫击炮虽为重型迫击炮，但它的重量却是同口径榴弹炮的十分之一，它可以用轻型车辆牵引机动，也可以车载机动，必要时还可以将火炮分解，用马匹驮载行进。该炮重量仅有 280 千克，使它在山地、丛林等复杂地形中能随同步兵一起行动，提供火力支援。

M1938 型 120 毫米迫击炮结构简单，使用方便，普通士兵稍加训练就能进行操作。正如苏军战士所说："炮口指向空中，炮尾座板靠在大地，从炮口装入炮弹，击发后炮弹飞出，由尾翼控制飞行，发射就完成了。"这对于当时受教育程度有限的苏军士兵而言相当重要。当然，要发挥火炮的最佳效能，还需要炮手不断积累经验，提高操炮技术水平。M1938 型 120 毫米迫击炮具有典型迫击炮的弹道特性，弯曲的弹道能使炮弹从空中向下坠落，这种攻击角度不仅可以有效地摧毁杀伤敌方堑壕中的兵器和有生力量，而且还能使火炮对山丘和建筑物后面的目标进行有效轰击。

M1938 型迫击炮主要配用 120 毫米迫击炮专用杀伤爆破榴弹、燃烧弹以及发烟弹和照明弹等多种弹药。其中，杀伤爆破榴弹是主要弹种，全弹重 16.6 千克，长 700 毫米，初速 272 米/秒，最大射程 5700 米，有效杀伤半径 34 米，因为炮弹装药量较大，其杀伤力与 152 毫米榴弹炮

苏联 M1938 型 120 毫米迫击炮

相当；120毫米燃烧弹重16.7千克，内装3.43千克钡镁燃烧剂，在燃烧弹到达目标上空后，时间引信使它爆炸抛出两个火种，燃烧温度大于2000℃，持续40秒，毁伤能力令人恐怖，该炮最高射速10发/分钟。M1938型120毫米迫击炮装有拉发和迫发两种击发装置，火炮上有明显标识和转换手柄，供射手选择击发方式。当使用迫发时，只要将炮弹从炮口装入，待炮弹下落到位，弹尾底火即被撞发，发射即告完成。拉发时用人工拉动触发装置完成发射，人工拉动发射既能选择发射时机，又能防止误伤炮手，还能在发生哑弹时，进行多次拉动发火以排除故障。

还有一个问题至关重要，在实战中由于炮口焰光炫目，冲击波强烈，响声巨大，且火炮发射速度较

苏联M1938型120毫米迫击炮

高，容易导致装填手极度疲劳以至于判断力下降，当出现炮弹滞留时，装填手有时会误认为该发炮弹已经出膛，于是装入后一发炮弹，从而造成膛内爆炸事故，这是炮口装填式火炮的重大缺陷。为此，苏联的兵工厂为M1938型120毫米迫击炮安装了防重复装填的保险器，当膛内存留炮弹时，新的炮弹就不能装入。这样，安全问题迎刃而解，隐患不复存在。

整体来讲，M1938型120毫米迫击炮是一种精良可靠的武器，简单实用是火炮设计者的初衷，也是这种火炮最大的优点。因为简单实用得以大规模生产，不论是苏联的大型军工企业，还是普通的民用小型工厂，都有火炮生产线和装配车间，苏联战时生产34万8千门迫击炮中，就有大量的M1938型120毫米迫击炮。因为简单实用，它被大量投入战场，从伏尔加河的斯大林格勒到黑海北岸的克里米亚半岛，在苏军部队中都有M1938型迫击炮的身影。因为简单实用，它获得苏军战士的信赖，从卫国战争初期的苦苦艰守到柏林城内对纳粹德国的最后一击，M1938型120毫米迫击炮伴随着苏军战士度过了1430多个日日夜夜，成为红色经典。

震撼天地的"斯大林之锤"

苏联 B-4 型 203 毫米榴弹炮

1939年,苏芬战争爆发。苏军在芬兰曼纳海姆防线面前进攻受阻,伤亡很大。苏军携带的152毫米火炮无法摧毁芬军坚固的永备火力点,指挥作战的铁木辛格元帅向斯大林申请调用战略武器——B-4型203毫米榴弹炮获批准。

1939年12月19日,装备4门B-4型榴弹炮的炮兵连抵达霍京恩前线,他们的任务是摧毁芬军40多处永备火力点,为苏军第20坦克旅开辟进攻道路。苏军开始战前准备,炮兵连长马赫波诺夫极具冒险精神,提前将火炮推进至距芬军工事300米左右的发射阵地，幸运的是芬兰人并没有发现。21日拂晓，近距离直接瞄准射击开始，巨大的爆炸声震耳欲聋。经过一个半小时的密集射击，芬军火力点被彻底荡平，苏军坦克部队迅速向前推进2500米，突破霍京恩防线对战争具有全局意义，因为苏军已迂回到曼纳海姆防线后方，形成合围之势。芬兰守军惊恐万分，放弃工事落荒而逃，久攻不克的曼纳海姆防线被苏军踩在脚下。B-4型榴弹炮首战告捷，名声大震。在1940年2月1日至3月13日苏芬战争的最后阶段，苏军共投入了20多个B-4型榴弹炮兵连，进行了270余次压制射击，战神大显神威。

下面，让我们看看战神是如何造就的。B-4型榴弹炮是苏联全面工业化的产物，它的设计者是棱德岩尔和马格达斯夫，由列宁格勒的布尔什维克兵工厂制造，正式名称为1931年式B-4型203毫米榴弹炮，主要用于摧毁重型防御工事，它多次出现在阅兵式上，成为苏军强大实力的标志。二战期间，B-4型榴弹炮的破坏力给德军造成重大损失，更对德军官兵造成巨大的心理冲击，他们惊恐地称之为"斯大林之锤"。B-4型榴弹炮口径203毫米，炮管重达5.2吨，内有64条膛线。该炮能发射一系列弹药，其中，包括100千克重的高爆反混凝土炮弹和特殊尾翼稳定炮弹，弹头以铬钒合金制造，长度达1米左右，由于采用高密度材料，贯穿力极强。B-4型榴弹炮炮口初速607米/秒，最大射程18025米，战斗全重17.7吨，安装在履带式炮架上，由重型牵引车牵引机动。

1941年6月22日，德国对苏联不宣而战。在最初的 6 个月里，苏军战略上处于被动，B-4 型榴弹炮因转移困难而遭受很大损失，直到 1943 年库尔斯克会战结束，苏军转为战略进攻，B-4 型榴弹炮的威力才得以充分发挥。它跟随苏军的钢铁洪流，摧毁了无数坚固的钢筋混凝土工事。令人震惊的是在列宁格勒战线上，B-4 型榴弹炮发射的一颗炮弹，打穿了三层楼板才爆炸。1945 年 4 月 30 日，苏军第 150 师和第 171 师到达第三帝国的象征——国会大厦。德军依托坚固建筑负隅顽抗，苏军集中 89 门 B-4 型榴弹炮和 SU-152 型自行火炮，进行了长达 30 分钟的直瞄射击，国会大厦千疮百孔。14 点 25 分，苏军步兵发起冲锋，经过数小时激战全歼守敌。18 时，伟大的历史时刻到来，苏军战士在国会大厦圆顶上升起了红旗。同日，纳粹头子希特勒自杀身亡，第三帝国宣告灭亡。B-4

苏联 B-4 型 203 毫米榴弹炮

型榴弹炮既是第三帝国灭亡的见证者，又是摧毁第三帝国的参与者。

B-4型榴弹炮作为半个多世纪前的武器，不可避免地存在各种缺陷。最主要的是火炮过于笨重，机动能力较差。它庞大的身躯要依靠重型履带牵引车才能行走，每小时最快只能行进15千米，完成战术机动相对迟缓。在进行远距离战略机动时，要将其分解成几部分，方可运输，这就决定了B-4型榴弹炮不适合机动作战，但后方有稳定依托的情况下，参与进攻作战能起到摧城拔寨的重要作用。

第二次世界大战结束后，B-4型榴弹炮陆续退出了苏军主战装备的行列，新型火炮取而代之，据统计，苏联共生产了1211门B-4系列榴弹炮。今天，圣彼得堡炮兵博物馆内的B-4型榴弹炮雄风依在，"斯大林之锤"对帝国大厦的最后一击，令今人肃然起敬。

为闪击战而生——
sFH18 型 150 毫米榴弹炮

虽然每个型号的火炮诞生的背景不尽相同,但有一点却完全一样——军方的需求和军火商对订单的渴望,sFH18 型榴弹炮也不例外。

20 世纪 20 年代末,德国陆军闪击战理论初步形成,并积极进行探索与实践。训练演习和武器研发是实践的主要内容,为适应闪击作战的需求,sFH18 型榴弹炮开始研发,准备取代落后的 sFH13 型榴弹炮。为了回避《凡尔赛和约》的限制,德国人将火炮以"18 年"命名,使英、法等国认为 sFH18 型榴弹炮是大战前设计的。同时,还采取多公司合作研制的方

德国 sFH18 型 150 毫米榴弹炮

法，火炮的炮身由莱茵金属公司研制，炮架和底盘则由克虏伯公司研制，以掩人耳目，逃避英法等国的监视。sFH18型榴弹炮于1930年初完成研发，1935年5月开始装备德国陆军。随着希特勒加速扩军，军方需求量激增，sFH18型榴弹炮被大量生产，成为德国陆军的标准重火力支援武器。sFH18型榴弹炮的口径150毫米，炮口初速520米/秒，最大射程13325米，炮弹重量43.5千克，火炮行军重量6304千克，战斗重量5512千克，使用半履带车牵引机动。

虽然sFH18型榴弹炮是为闪击战需求而设计制造的，但当时德国机械化能力尚且不足，不能为火炮提供足够的半履带牵引车，因此战场上有不少sFH18型榴弹炮是由马车牵引的，其行进速度根本无法跟上机械化部队，加上sFH18型榴弹炮没有安装悬挂系统，机械车辆牵引行进的速度也不尽人意。战争的发展迫使sFH18型榴弹炮加快提升机动能力。1942年，德国将sFH18型榴弹炮安装在三号坦克和四号坦克上成为自行火炮，并开始批量生产，野蜂式自行火炮就此诞生。

另一个困扰德军的问题是sFH18型榴弹炮的射程，东方战场上苏军主力A-19型122毫米榴弹炮最大射程可达20千米，而sFH18型榴弹炮的最大射程还不到14千米，相差悬殊。这种射程劣势使德军面对苏联炮兵时，无法有效回击。为了增大sFH18型榴弹炮的射程，德国人做了各种各样的尝试。1941年，德军设计出火箭推进榴弹并配发到前线，这是世界上第一款使用火箭推进的榴弹，它将射程提高了3千米，但因使用火箭推进榴弹程序烦琐，射击准确率不高，配发后不久便退出了前线。后续改良采用增加发射药的方法，将发射药由 4 包增加到 6 包，使 sFH18 型榴弹炮的射程增加到 15 千米，但随之而来的是后坐力增加和火炮磨损加快，制造商及时采取了相应措施，才使问题得以解决。新造的火炮被赋予 sFH18 榴弹炮 M 型，成为德国陆军的主要重型榴弹炮。

由于历史的原因，sFH18 型榴弹炮还出现在中国战场，为中国的抗日战争做出重要贡献。抗日战争前，中德关系正常，军事交流与军火贸易频繁，国民政府需要德国的军火，德国需要中国的战略资源——钨矿砂。就这样，48 门 sFH18 型榴弹炮远渡重洋来

德国 sFH18 型 150 毫米榴弹炮

到中国，一同到来的还有火炮牵引车，国民党陆军重型榴弹炮团由此建立，部队番号为中央炮兵第10团。1942年元月，第三次长沙会战打响，中央炮兵第10团奉命参战。按九战区统一部署，炮兵阵地设置在海拔295米的岳麓山一带。经历异常惨烈的战斗，长沙会战以中国军队全胜而告结束，这是中国军队抗战以来取得的最大胜利。长沙会战中，sFH18型榴弹炮发挥了重要作用，它强大的威力有效地压制了日军炮兵，给予日军步兵巨大杀伤，有力支援了我方步兵作战，为取得战役胜利立下功劳。sFH18型榴弹炮随着长沙大捷被载入中国抗日战争的史册。

自1930年研制成功到第二次世界大战结束停产，德国共生产了5403门sFH18型150毫米系列榴弹炮。战后，大量的sFH18型榴弹炮作为战利品，在阿尔巴尼亚、保加利亚和捷克等陆军服役，履行最后的使命，并在火炮发展更新的大潮中渐渐沉没消失。

命运坎坷的"斯柯达"军工

随着第一次世界大战结束,奥匈帝国遭肢解已不复存在,它的重要工业行省捷克斯洛伐克成为一个独立国家。1939年,对于捷克斯洛伐克人来说是一个多事之秋——将面对纳粹德国的入侵。希特勒在政治上步步紧逼,在军事上重兵压境,捷克斯洛伐克北部苏台德区的防线已被德军占领,国门洞开。面对纳粹德国巨大的政治压力和军事威胁,捷克斯洛伐克已是风雨飘摇、身处绝境。1939年3月15日,捷克斯洛伐克总统签下了投降书,国家名存实亡。德军全面占领捷克斯洛伐克后,巨大的斯柯达公司落入了纳粹之手,希特勒得到了梦寐以求的战争资源。

斯柯达公司历史悠久、实力雄厚,公司总部设在捷克斯洛伐克的皮尔森市,成立于1859年,主要生产钢铁、蒸汽机、桥梁和铁路设备。1869年,公司被埃米尔·斯柯达收购,更名为斯柯达公司。第一次世界大战时,斯柯达公司是奥匈帝国军队的主要军火供应商。它在皮尔森工厂的员工达到35000人,公司已是欧洲军工巨头之一。第一次世界大战结束后,斯柯达公司发展迅速,在设计、研制和生产新型大口径火炮、坦克和军用飞机等方面的地位已居世界第二,在一些领域与克虏伯公司难分伯仲。

野心勃勃的德国人知道自己急需什么,对斯柯达公司这样世界级的军工企业垂涎三尺,当他们接管皮尔森市后,马上将斯柯达公司的各个工厂控制起来,就这样,斯柯达军工就成了纳粹战争机器上的一个零件，开始随同这部机器一起运转。在斯柯达的生产线上，德国人首次发现了一种正在全力生产的重型武器，经过确认，这种武器就是斯柯达最新型的 K4 重型野战榴弹炮，这是斯柯达名牌产品 K 系列榴弹炮的最新款。K 系列榴弹炮诞生在 1933 年，首批产品 149 毫米 K1 榴弹炮被全部出口到南斯拉夫、土耳其和罗马尼亚。尽管 K1 在当时是性能一流的重型火炮，但捷克军方认为还不能满足要求，要进一步提高火炮的射击精度，于是就要求斯柯达继续发展 K 系列火炮，直到 1937 年发展到 K4 型，才使捷克陆军满意。捷克陆军最终决定大量采购 K4，将它作为标准的重型

斯柯达 K1 型榴弹炮

野战炮装备,交付军方的K4被重新命名为37型150毫米斯柯达榴弹炮。接到大额订单的斯柯达公司开足马力生产,此时德军重兵压境,形势异常严峻,在军方的催促下,斯柯达的生产变得更加忙碌,但为时已晚,捷克斯洛伐克不战而降,生产中的新型火炮连同厂房成为德军的战利品。

德军将生产中的火炮抽出样品运回国内由陆军进行试验。试验结果令人满意,它有着15100米远的射程,弹丸重量达到42千克,第一次采用了充气轮胎,机动性相当不错。于是,德军决定继续在皮尔森为自己生产K4型150毫米榴弹炮。从此之后,这种榴弹炮成为德军标准武器,装备到作战部队。K4榴弹炮参加了1940年进攻法国的战役,以及其后进攻苏联的战争,直到1944年,苏军仍然使用缴获的K4榴弹炮。与此同时,有许多K4榴弹炮出现在巴尔干国家的军队中,由此可见,该榴弹炮确实有不凡之处。K4是一种全新设计的榴弹炮,但遗憾的是,它没有为保卫祖国贡献力量,却成为纳粹侵略者的帮凶。

斯柯达公司的另一个知名产品是220毫米榴弹炮,该炮最大射程达14200米,使用128千克的炮弹,炮口初速500米/秒。220毫米榴弹炮的问世,使斯柯达名声远扬,相当数量的火炮被南斯拉夫和波兰等国家定购。但不幸的是,这些国家在二战初期就被德国占领,这些220毫米榴弹炮便落入德军之手,他们将这些重炮全部纳入陆军的炮兵战斗序列,部署到被占领的国家,用于要塞防御。1942年初夏,220毫米榴弹炮被集中起来,运往克里米亚半岛,投入围攻塞瓦斯托波尔要塞的战斗中，对最后攻占要塞起到了一定作用，不过此战之后大多数 220 毫米榴弹炮再次被分散到不同的地方作战，从此再难看到其踪影。

捷克斯洛伐克遭受 6 年之久的法西斯统治，在此期间，德国人竭尽全力挖掘斯柯达公司生产潜力，强迫它生产大量的火炮、汽车、飞机部件等军工产品，为纳粹的侵略服务。1945 年，在苏军强大的攻势下，德军东方战线全面崩溃，苏军解放了捷克斯洛伐克，但斯柯达工厂在战火中已成废墟，受到重创，走向了艰难而充满变数的恢复之路。斯柯达公司的坎坷经历给人们带来几分忧伤，同时，也给了人们深刻的警示：一个软弱的政府，无论拥有多么强大的军工企业，也不能在入侵者来犯之时保卫祖国，没有祖国，再优秀的企业也不能决定自己的命运。

有口皆碑的瑞典博福斯高射炮

随着航空工业的快速发展，大量轰炸机和战斗机被各国空军列装，这注定使战争成为空地一体的立体化战争。面对来自空中的威胁，各军事强国未雨绸缪，积极应对，20 世纪 30 年代中期开始积极研制防空武器，各类型号、各种口径的高射炮相继问世。第二次世界大战爆发后，人们惊讶地发现，欧洲战场上盟军和法西斯军队都使用同一种高射炮，并作为标准的防空武器大量装备部队，这种高射炮就是瑞典人的杰作——40 毫米博福斯高射炮。它备受防空部队官兵青睐，故事更是传奇。

瑞典 40 毫米博福斯高射炮

40毫米博福斯高射炮由瑞典博福斯公司研制，该公司的创始人就是大名鼎鼎的著名瑞典化学家诺贝尔。1894年，诺贝尔出资130万瑞典克朗，成立了博福斯公司，主要制造钢铁和炸药。在诺贝尔的经营下，博福斯公司逐步壮大，开始生产多种武器并出口国外。

第一次世界大战期间，瑞典保持中立，使博福斯公司很方便向交战双方出售武器，这使其一跃成为世界排名靠前的武器制造商。1928年，德国著名的克虏伯公司与博福斯公司合作研发新型火炮，瑞典设计师利用这个难得的机会，从德国人那里获得了先进设计理念和宝贵设计经验。但合作并未持续太久，因为德国设计师偏向研制重型火炮，瑞典设计师则专注轻型火炮的研制，正是这种分歧导致他们分道扬镳，各自前行。在此之后，德国人有了自己的得意之作——88毫米高射炮，而瑞典人则开发出著名的40毫米博福斯L/60高射炮，1934年博福斯公司对火炮做了进一步改进，推出M34型40毫米博福斯野战高射炮。

M34型博福斯高射炮为牵引式火炮，战斗重量1981千克，火炮机动灵活。身管长度为56倍径，最大射高7200米，最大平地射程9900米。该炮使用全自动装弹机构，每分钟可以发射80发炮弹，配用曳光弹、高爆弹和穿甲弹等弹种，炮弹重量约2.15千克。火炮方向射界360°，俯仰射角–5°～90°。M34型博福斯高射炮瞄准系统由反射式光学瞄准镜和博福斯公司研制的机械式计算机构成，这套系统能使炮手对最大飞行速度为563千米/小时的空中目标进

瑞典40毫米博福斯高射炮

行修正，从而大大提高了射击精准度。另外，其炮管更换非常方便，一个训练有素的炮组在1分钟内即可完成。M34型博福斯高射炮以它优良的性能，受到多国军方青睐并争相采购，首批购买者的队伍里有波兰海军、奥地利陆军和比利时陆军。1936年，英国和荷属东印度也加入了购买者的行列。此外，波兰和匈牙利还获得了M34型博福斯高射炮的外销型——M36型的特许生产权，随后近1300门火炮被生产出来，博福斯高射炮如雨后春笋遍及欧洲。

在世界各国疯狂抢购博福斯高射炮的同时，德国空军意识到由 Flak36 型 88 毫米重型高射炮与 Flak38 型 20 毫米防空炮构成的防空火力网有很大空白区，他们便也计划用口径 40 毫米的博福斯高射炮来填补。1938 年，奥地利与德国合并，此时的奥地利已取得了 M36 型博福斯高射炮的特许生产权，随即开始为德军生产 40 毫米博福斯高射炮。到了 1940 年 7 月，德军占领了大部分欧洲国家，这些国家的博福斯高射炮特许生产厂家也落入德军之手，开始为德军生产火炮，总数量达 1100 门之多，被分别装备到德军防空部队和德国海军的舰艇上，还有一部分被安装在海岸防空炮台上。

毫无疑问，40 毫米博福斯高射炮是二战中装备国家最多、使用最广泛的中等口径高射炮，由瑞典博福斯公司原产，诸多国家特许生产、改制仿制的 40 毫米高射炮不计其数。它是人类智慧的结晶，人们对它优良的性能有口皆碑，从冰雪覆盖的欧洲战场，到烈日炎炎的北非沙漠，从广阔的大陆到浩瀚的海洋，博福斯高射炮同时出现在正义与邪恶两大阵营之中，这是特殊年代的产物，既助纣为虐，又伸张正义。

加农炮之父与 ZiS-3

1939 年 9 月，第二次世界大战爆发，战火在西方燃起，德军的坦克集群在欧洲大陆横冲直撞，强大的突击力令世人震惊。虽然战争尚未波及苏联，但苏军对德国坦克军团的强大攻击能力已深感不安，当发现苏军步兵师现有火炮无法击穿德军新型坦克正面装甲时，他们更加忧心忡忡。此时，苏联著名火炮设计师格拉宾将军提出了 F-31 型 57 毫米加农炮的设计方案。

1940 年 10 月，F-31 原型炮制造完成，通过军方测试。1941 年初，F-31 获准服役，并改名 ZiS-2 型加农炮。该炮采用全新设计的轻质炮架，身管长达 72.9 倍径，能以 1000 米 / 秒的初速发射 3.14 千克的穿甲弹，在 1000 米距离上可穿透 90 毫米厚的垂直装甲。

苏联 ZiS-3 型 76 毫米加农炮

其穿甲能力是其他同口径火炮的 1.6～2 倍。正是因 ZiS-2 加农炮的投产，第 92 炮兵工厂获得了"斯大林工厂"的荣誉，以后该厂定型生产的火炮均以 ZiS 来命名。

1941 年 6 月，德军入侵苏联，卫国战争爆发。格拉宾全面组织第 92 炮兵工厂进行战时生产，主要产品是 ZiS-2 和 F-22-USV 两种加农炮。由于战场需求惊人，生产速度必须大幅提高，格拉宾大胆对 F-22-USV 炮身进行改进，然后与 ZiS-2 轻便的炮架组合，一款新的火炮就诞生了，新火炮被命名为 ZiS-3 型 76 毫米加农炮。该炮最大优点是结构简单，便于生产，零件数由原来的 2080 个减少到 719 个，这是一项非常优秀的设计，生产制造工时减少了 75%，成本降低了 2/3，可以进行大规模流水线生产。简化的设计使该炮更为轻便，1.85 吨的重量使它机动性极佳。ZiS-3 型加农炮用途广泛，它的战斗任务是消灭敌方有生力量，摧毁敌方火力点及反装甲作战。

ZiS-3 型加农炮炮口初速为 680 米/秒，能在 500 米距离上击穿 90 毫米厚的装甲，具有较高的命中率和击毁率。由于初速大，弹道低伸，所以在攻击时，炮弹出膛不久就可听到击中坦克的声音，因此德军士兵称其为"急速响"。大量 ZiS-3 型加农炮送到前线，如同雪中送炭成为苏军理想的反坦克武器，深受战士们的喜爱。据统计，二战中苏联共生产了 48016 门 ZiS-3 型加农炮，成为二战中产量最大的身管火炮。1942 年 9 月，第 92 炮兵工厂成功地将 ZiS-3 型加农炮与轻型坦克底盘组合成 SU-76 型自行火炮，此后

苏联 ZiS-3 型 76 毫米加农炮

共有 12671 门"轻骑兵"走出工厂，冲向反法西斯的战场。

随着战争不断深入，德军新型坦克陆续出现在战场，格拉宾又于 1944 年初研制成功 SU-100 型坦克歼击车，为苏军提供了反坦克重器。到战争结束时，苏联送往前方的 14 万门野战炮中，有 12 万门是按照格拉宾的设计方案制造的，他在苏联卫国战争中贡献巨大，被苏联国防委员会授予技术上将军衔，并获得"社会主义劳动英雄"称号，他的经典之作 ZiS-3 型加农炮，战后成为社会主义阵营的标准武器装备。中国人民志愿军和朝鲜人民军在朝鲜战场广泛使用该炮，为战争的胜利做出了很大贡献。

动物园杀手——SU-100 型自行反坦克炮

1943 年 7 月 5 日，东线战场，一场历史上规模最大的坦克会战在库尔斯克打响。近八千辆坦克在广阔的原野展开厮杀，经过几十天浴血奋战，苏军取得了库尔斯克战役的胜利。

战斗中，德军"虎"Ⅰ坦克和"黑豹"坦克对苏军坦克以 1∶4 的毁伤比例给人们留下了深刻印象。"虎"Ⅰ重型坦克正面装甲厚度 102 毫米，侧面装甲 82 毫米，"黑豹"中型坦克装甲防护能力也相当出色。这使得苏军 T34 型坦克炮火无法有效攻击，其他反坦克火炮也力不从心，苏军依靠数量优势和英勇的近

苏联 SU-100 型自行反坦克炮

距离搏杀才艰难取胜。这一情况引起统帅部的高度重视，他们认为苏军必须尽快拥有威力更大的反坦克火炮，随即部署新型 100 毫米反坦克炮的研制工作，苏联人以惊人的速度在 1944 年 10 月将 SU-100 型歼击车（后统称自行反坦克炮）送上了前线。

SU-100 型自行反坦克炮，由苏联乌拉尔重型机器制造厂研制生产，是在 SU-85 型自行反坦克炮基础上发展而成的，经 1040 次射击试验和 860 千米的行驶试验后，定型批量生产，二战期间共生产了 1800 门。SU-100 型自行反坦克炮采用 T34 坦克底盘，72% 零部件通用，便于后勤保障，功率 390 千瓦的 12 缸

苏联 SU-100 型自行反坦克炮

柴油机为战车提供动力，最高速度48千米/小时，最大行程320千米，可伴随机械化部队一起行动。SU-100型自行反坦克炮全重31.6吨，战斗室为全焊接结构，SU-100型自行反坦克炮口径100毫米，身管长54倍径，配用穿甲弹、榴弹、破甲弹和高速穿甲弹四种弹药。使用榴弹最大射程15400米，炮口初速1000米/秒，射速6～8发/分钟。SU-100型自行反坦克炮最令对手胆寒的是它配用的高速穿甲弹，炮口初速达1415米/秒，弹丸重达5.69千克，在1000米的距离上能击穿200毫米的垂直装甲，德军装甲防护能力最强的"虎"Ⅰ坦克和"黑豹"坦克均无法抵御它的攻击，只要相遇必遭猎杀，正因如此，苏军战士称它为动物园里的杀手。

　　第二次世界大战后期，SU-100型自行反坦克炮不辱使命，参加了苏军解放匈牙利的战斗，参加了挫败德军"巴拉顿湖反击"战斗，直到反法西斯战争最后胜利。

"虎王"的利爪——88毫米坦克炮

在第二次世界大战中,坦克和大炮主宰着陆地战场,交战双方将大量坦克投入战斗,相互搏杀。随着战争规模不断升级,各国加快了新型坦克和坦克炮的研制步伐,最终转变为一场生死攸关的科技竞赛。在1944年初,这场竞赛的终极产物——德国"虎王"坦克现身欧洲战场。

"虎王"坦克又称"虎"Ⅱ重型坦克,由德国享舍尔公司把希特勒的想法变成了现实,从1943年12月到1945年3月,共生产了489辆"虎王"坦克。"虎王"坦克实际上是"虎"Ⅰ坦克的升级放大版,它与许多"虎"Ⅰ和"黑豹"坦克通用部件。

"虎王"坦克的装甲防护能力相当出色,其正面装甲厚度达150~180毫米,侧面及后部装甲也得到了相应加强,这种防护水平在相应距离上能抵御盟军绝大部分坦克和反坦克炮的正面攻击,即便当时苏军最强的JS-2重型坦克也只有在1800米以内才能有效破坏它的正面装甲。

"虎王"坦克采用了克虏伯公司制造的新型炮塔,炮塔由引擎液力控制旋转,19~77秒可旋转360°。"虎王"

德国"虎"Ⅱ重型坦克

坦克的撒手锏是一门 88 毫米 KWK43L/71 型坦克炮，这也是克虏伯公司的产品，堪称德国 88 毫米系列火炮的巅峰之作，也是二战中威力最大的坦克炮。这种坦克炮身管长 6.3 米，达到了 71 倍径，最大有效射程 10 千米。配用 39-1 型被帽穿甲弹、40/43 型碳化钨芯穿甲弹、破甲弹和榴弹四种弹药。弹丸重量 7.3～10.2 千克。KWK43L/71 型坦克炮发射新型碳化钨芯动能穿甲弹时，初速可达 1130 米/秒，在 2000 米距离上可击穿 203 毫米的垂直钢板。实战中，威力之大更是令人震惊——能够在 3500 米的距离上轻松击毁盟军的"谢尔曼"坦克、"克伦威尔"坦克以及 T34-85 坦克的主装甲，2300 米距离内能击穿苏军 JS-2 重型坦克的主装甲。

"虎王"坦克因强大的火力和出色的防护能力被德军称为无敌战车。但事实并非如此，KWK43L/71 型坦克炮威力强大，同时也产生了巨大的后坐力，设计者只能加大炮塔，满足火炮后坐所需空间，这大大增加了炮塔的重量。再加上增厚的装甲，使"虎王"坦克的重量达到惊人的 75 吨，但它的发动机仅有 514.5 千瓦，单位功率明显不足。这使"虎王"坦克的机动性和通过性较差，从而降低了实战效能，对于主战坦克来说，这成为一个致命的弱点。除此之外，还有一个重要因素对"虎王"坦克的性能造成很大影响，就是因形势所迫，研制周期相对较短，而德国人又过于追求完美，致使整个系统精密有余，可靠不足，机械故障频频出现。美军士兵对付"虎王"颇有心得，他们开玩笑说：与"虎王"相遇，只要能和它周旋上 20

德国"虎"Ⅱ重型坦克

分钟你就胜利了,因为"虎王"自己不能用了。

战争后期,盟军对德国实施大规模战略轰炸,德国的军工企业遭受重创,致使"虎王"坦克产量极其有限,被希特勒视为救命稻草的数百辆"虎王"坦克,面对盟军东西对进的强大攻势只是杯水车薪,无法阻止德军的全线崩溃。1945年4月,"虎王"坦克参加了柏林战役的最后防御作战,5月8日德国宣布无条件投降。

1945年5月10日,德军第503重装甲营的一辆"虎王"坦克被其乘员自毁,这是德国在战争中最后一辆被摧毁的坦克,KWK43L/71型坦克炮也随着一声巨响寿终正寝。这是不可一世的"虎王"最后的哀鸣,也是第三帝国的绝唱。

怪兽"古斯塔夫"

20世纪30年代,希特勒统治下的德国,日显德意志军国主义本色,逐步摆脱《凡尔赛和约》束缚,秣马厉兵扩充军备。德国的宿敌法国面对潜在的威胁心存戒备,为抵御德国的再次入侵,他们沿德法边境构筑了举世闻名的马其诺防线——在390千米的防线上,分布着约5800座永备工事,能抵御420毫米火炮的轰击。

1935年,为日后突破这个世界级的堡垒,希特勒决定研制一种超过"巴黎大炮"的新型巨炮,并把任务交给实力雄厚的克虏伯公司。然而,事情的发展完全脱离人们预设的轨道。法国人天天欣赏自己的钢铁防线,德国人更欣赏自己的战术,结果是马其诺防线形同虚设,德国人迂回进攻速获全胜。但超级大炮的研制依然如故,艰难前行。经过7年努力,1942年春,克虏伯公司创造了奇迹,800毫米的超级巨炮制造成功。为了纪念公司的功臣古斯塔夫·克虏伯,希特勒称它为"重型古斯塔夫",而设计师为了纪念自己的妻子,则将巨炮命名为"多拉"。"古斯塔夫"巨炮创下火炮世界之最:全炮长43米、宽7米、高12米,重达1350吨,发射的榴弹重4.81吨,发射的混凝土穿甲弹重达7.1吨。"古斯塔夫"巨炮由最高统帅部直接掌握,由一名陆军少将担任指挥官,直接操作大炮的士兵多达1400名,加上防空部队、警卫部队,技术保障及各类勤务人员共需4000多人。"古斯塔夫"巨炮的机动性不强,需要先将巨炮分解装上轨道车,装车后高度相当两层楼房,整座巨炮及零件、弹药、器材等共需60节车皮。由于炮身过宽，普通铁路无法通行，需专门铺设铁路。到达发射阵地后，用2台巨型起重机进行巨炮组装，全部就绪需要1400多人参加，紧张工作3周才能完成。

　　它的首战在东线战场。位于克里米亚半岛南端的塞瓦斯托波尔作为黑海的优良港口，成为兵家必争之地，它是一个由12个要塞群组成的超级要塞。1941年12月17日，德军投入9个师包围要塞，发起第一次塞瓦斯托波尔攻防战，最终苏联守军和海军陆战队重创德军，取得了首战胜利。1942年6月6日，第二次塞瓦斯托波尔攻防战拉开序幕，德军第306炮兵司令部已部署完毕，"古斯塔夫"巨炮走上战场。从6月7日开始，"古斯塔夫"巨炮和其他上千门火炮开始轰击要塞，"古斯塔夫"巨炮一周时间发射了48发炮弹，摧毁了包括斯大林要塞、莫洛托夫要塞等7个主要目标，库拉贝主弹药库遭受了"古斯塔夫"9发重达7吨的穿甲弹攻击，其中最后一发穿透10米厚的钢筋混凝土防护层，命中地下弹药库内部，引起连环爆炸，震撼整个克里米亚半岛，切断了苏军北部要塞群的弹药供给。由于防御体系被严重破坏并且弹药供给十分困难，苏军选择撤出塞瓦斯托波尔，战役结束。在这次战役中，"古斯塔夫"巨炮的巨大破坏力骇人听闻，射击精准度也令人信服。8月中旬，"古斯塔夫"巨炮奉命前往斯大林格勒参战，由于德军尽显颓势，它毫无建树，为免被苏军缴获，9月被匆匆运回。

　　1944年，波兰华沙地下武装发动起义，反抗德国法西斯。"古斯塔夫"巨炮参加了镇压华沙起义的行动，在距华沙30千米外向市区发射30发炮弹，造成大量无辜市民伤亡和建筑物毁坏，这是德国法西斯欠下的又一笔血债。从首战塞尔斯托波尔到最后镇压华沙起义，"古斯塔夫"巨炮共发射104发炮弹，尽管取得了一些战果，但与巨大的制造使用成本不成比例，与德军对它的期望更是相差甚远。战争后期，盟军逐渐取得了制空权，"古斯塔夫"巨炮一旦遭遇盟军轰炸机就是灭顶之灾。同时，盟军机械化部队势如破竹的进攻也使巨炮不敢轻易抛头露面，怪兽就此销声匿迹。

第二次世界大战结束时，"古斯塔夫"巨炮成为苏军的战利品，而后又被运到盟军占领区，成为盟军研究巨炮的样品。最后，这座空前绝后的巨炮被盟军拆解，巨炮短暂的一生就此结束。"古斯塔夫"巨炮无法改变法西斯帝国的覆灭命运，只是在火炮发展的漫长道路中留下了一个畸形的脚印。

德国"古斯塔夫"巨炮

美丽的"喀秋莎"

1941年6月22日,纳粹德国启动"巴巴罗萨"计划入侵苏联,德军的闪电式突袭使苏军陷入被动,处于战略防御态势。当年7月,苏军在斯摩棱斯克组织防御,与德军展开激战,苏军的第一个火箭炮兵连共7门火箭炮被部署在奥尔沙河沿岸,准备打击对岸的德军第5步兵师。7月14日,德军的军用列车和铁路枢纽遭遇了苏军火箭炮连的猛烈攻击。一轮齐射,短短的十几秒,112枚火箭弹冰雹般地落到了目标区域,顿时火焰熊熊、浓烟滚滚,德军的军用列车和铁路枢纽被彻底摧毁,大批有生力量被消灭,这种强大的毁伤力对德军士兵造成巨大的心理冲击,这就是世界上第一种现代火箭炮——BM-13型火箭炮,它被苏军战士亲切地称为"喀秋莎"。

"喀秋莎"火箭炮由沃罗涅日州的"共产国际"兵工厂研制生产。1939年3月,BM-13型火箭炮样炮研制成功,它的发射架由8条工字型导轨组成,每条导轨上下各挂装一枚火箭弹,这样BM-13型火箭炮总共可以携带16枚132毫米火箭弹,整个发射架安装在卡车底盘上,实现高速机动,火箭炮发射架

苏联 BM-13 型火箭炮

拥有180°的方向射界。苏军随即开始对样炮进行严格测试，并于1939年12月通过靶场试验。当时，由于苏联受到战争资源和军工生产能力的制约，加之军队高层意见的分歧，致使BM-13型火箭炮未能迅速定型生产，直到1941年6月17日，BM-13型火箭炮才向国防人民委员铁木辛格元帅和总参谋长朱可夫大将进行发射表演，6月21日苏德战争爆发的前一夜，苏联最高层做出决定，全力生产BM-13型火箭炮。由于这种新型火箭炮尚属于保密阶段，苏军战士见到它时并不知道火箭炮正式名称，当看到发射架上的俄文字母标记K字时，就联想起传说中美丽善良的姑娘喀秋莎。于是战士们干脆就称它为"喀秋莎"，从此"喀秋莎"的名字不胫而走，广为流传。

"喀秋莎"火箭炮最大的特点就是火力威猛，发射架上满装的16枚火箭弹既可单射也可部分连射，或者一次齐射。"喀秋莎"火箭炮一次齐射仅需10秒，再次满架装填需要5～10分钟，能在短时间内形成强大的火力密度，并有理想的火力持续性。"喀秋莎"发射的火箭弹长1.42米，全重42.5千克，战斗部装有高爆TNT炸药，毁伤能力相当惊人，火箭炮有效射程为8740米，对于敌方的炮火反击具有一定的安全边际。"喀秋莎"火箭炮主要用来消灭敌方集结地域的有生力量，压制摧毁敌人的炮兵发射阵地，破坏野战工事和交通枢纽等重要目标。

"喀秋莎"火箭炮公路机动性很强，每小时可行驶50～70千米，但普通卡车底盘使它在泥泞道路上

苏联 BM-13 型火箭炮

行驶变得相当困难。到了 1942 年，美国正式参战，大批美援物资源源不断运抵苏联，其中美国通用公司的 GMC 越野卡车，性能优良，数量可观，是"喀秋莎"火箭炮最理想的新型底盘，这如同雪中送炭，从此新式的"喀秋莎"火箭炮如虎添翼，不再受泥泞道路的困扰。

1943 年 2 月，苏军取得了斯大林格勒战役的伟大胜利，1530 门"喀秋莎"火箭炮在战役中功不可没，它势如排山倒海，将无数炮弹倾泻到德军阵地，使德军士兵心惊胆战。由于火箭弹有一种特殊刺耳的呼啸声，对手称 BM-13 型火箭炮是斯大林的管风琴，"喀秋莎"又多了一个名字。

随着战争的不断推进，"喀秋莎"火箭炮的产量不断增加，各种衍生型号也陆续出现。据有关统计，苏联共生产 6800 门 BM-13 型火箭炮，加上 4200 门改进和衍生型"喀秋莎"火箭炮，总产量达 11000 余门。到二战结束时，苏军已拥有 7 个火箭炮师、11 个火箭炮旅及 38 个独立火箭炮营，成为世界上最强大的火箭炮部队。

战后，"喀秋莎"火箭炮继续沿着发展道路前进。"喀秋莎"从走下共产国际兵工厂的装配线到今天已整整过了 80 年，斯大林的管风琴早已停止演奏，BM-13 的血脉仍在延续，但大家喜欢的还是"喀秋莎"，因为她美丽善良，象征和平，她是人们心中永远的女神。

苏联 BM-13 型火箭炮

传奇的"巴祖卡"

美国 M1 型火箭筒

1942 年春,在美国阿伯丁靶场上,正在进行武器试验,一具反坦克火箭筒正在接受测试,结果令人非常满意——向运动中的坦克靶车连续射击,火箭弹弹无虚发。负责美国地面武器发展工作的巴尼斯少将欣喜若狂,当即决定投产这种轻型武器,这就是 M1 型 60 毫米火箭筒。它的发明者是美国陆军上校斯克纳和厄尔中尉。他们把 M-10 型反坦克枪榴弹战斗部移植到火箭弹上,使火箭弹威力得到增加,并依照 M-10 型枪榴弹战斗部外径将火箭筒口径扩大到 60 毫米,使火箭弹与发射筒相吻合,又给火箭筒安装了肩托、手柄和电池式击发装置,世界上第一具可用于实战的反坦克火箭筒就这样诞生了。

M1 型火箭筒配发到部队后,士兵们觉得它很像美国喜剧演员鲍勃·伯恩斯表演时用的喇叭形乐器——巴祖卡,于是把 M1 型火箭筒称为"巴祖卡"。后期"巴祖卡"又进行了几次改进，形成了 M1、M1A1 和 M9 等型号。1942 年 11 月，首批得到 M1 型 60 毫米火箭筒的部队稍加训练就带着它们投入了战斗，美军使用"巴祖卡"火箭筒初见成效，在反装甲作战中发挥了很大作用，挫败了德军锐气。于是，包括德国在内的许多国家相继仿制这种武器，使它得到广泛应用。

"巴祖卡"火箭筒结构极其简单，仅由发射筒、击发装置和准星标尺几部分组成。"巴祖卡"火箭筒便于携带，长约 1.4 米，重量 4.48 千克，由单兵携带，肩扛发射，方便灵活。"巴祖卡"火箭筒使用简单方便，火箭弹装入发射筒定位后，部分弹体裸露筒外，弹体上的电点火具与火箭弹发射机构位置恰好吻合，射手只要打开保险，瞄准目标，扣动扳机，发射就完成了，点火后火箭弹在火箭发动机的推动下向目标飞行，展开的尾翼保持飞行状态的稳定。"巴祖卡"火箭筒配用的弹种有破甲弹、燃烧弹和发烟弹。火箭弹直径 60 毫米，弹长 410～550 毫米，重量 1.5 千克。作为主要弹种的破甲弹的战斗部装药 228 克，其成分为梯恩梯和黑索金，具有很强的毁伤力。巴祖卡火箭筒的直射距离为 100 米，有效射程 270 米，最大射程 640 米，具有较强的实战效能。

"巴祖卡"火箭筒作为最简单的武器，它的射击准确度很大程度上取决于射手的经验和水平，或许这就是它的缺点。综合来看，"巴祖卡"火箭筒是比较理想的轻型反坦克武器，对较小的作战单元火力提升意义非凡，这也多次被实战所验证。直到今天，美国和西欧还把火箭筒称为"巴祖卡"，一个乐器和一种武器的邂逅成就了一个小小的传奇！

美国 M1 型火箭筒

愤怒的"牧师"

第二次世界大战中,坦克部队和摩托化步兵作为主要突击力量被大量投入战场,速度已成为战争胜负决定性因素,这些快速的突击力量需要炮兵提供强大的火力支援和掩护,但牵引式火炮力不从心,无法跟上他们前进的步伐,自行火炮成为炮兵发展的必由之路。

参战稍晚的美国,总结各国自行火炮的发展经验,决定发展自己的自行火炮。1941年6月,美国开始研制自行火炮,在M3中型坦克底盘上,安装一门105毫米榴弹炮,一款自行火炮已显雏形,起初制成两辆样车,称为T32型105毫米榴弹炮运载车,随后在阿伯丁试验场进行测试,结论是:这种自行火炮性能很好,主要缺点是没有防空武器。于是,很快在车顶部的右上方安装了一个环形枪架,用以安装12.7毫米高射机枪。1942年4月,T32被正式定名为M7型自行火炮,由美国机车车辆公司进行生产。M7型自行火炮虽然为美军作战而制造,但在美国提出的《租借法案》中,美国承诺为盟国提供战争物资,所以,M7型自行火炮不远万里来到英军服役。英国人发现它机枪手的位置很像讲道坛,便给火炮起了"牧师"这个名字,最后英国官方的命名亦采用了105毫米"牧师"自行火炮这个名字。

刚到英军的"牧师"自行火炮将接受战斗的严峻考验。90辆"牧师"自行火炮被运往北非,装备到英军第八军团。这支英军部队在第二次阿拉曼战役中首次使用了这批自行火炮,为这款自行火炮进行实战检验。这款自行火炮经受住了严酷的沙漠环境考验，在北非战场取得了极大成功，英国更因此要求美国提供 5500 辆这种自行火炮，但由于数量太多，直到战争结束也没完成，此举说明牧师自行火炮却有独到之处。

M7 型自行火炮采用的是坦克底盘，有很强的越野能力，最高速度 40 千米 / 小时，最大行驶里程 193 千米，完全满足机械化部队战术机动的要求。M7 型自行火炮的火力配置能满足坦克部队和摩托化步兵对火力支援的要求，主要武器 M2 型 105 毫米火炮的最大射程约 11270 米，射速 16 发 / 分钟，可发射 M1 型高爆榴弹、M67 型反装甲高爆榴弹等多种弹药，改进后携弹量达到 69 发，持续作战能力较强。

M7 型自行火炮的总产量达 4267 辆，是盟军中第

M7B1 型自行火炮

105毫米"牧师"自行火炮

一重要的自行火炮。英军是它的第一个使用者，阿拉曼战役中，M7型自行火炮在与德军著名的88毫米火炮对抗，占有明显优势，因此深得英军士兵的喜爱。其后，M7型自行火炮参加了意大利战役和诺曼底登陆战役，并有不俗的表现。该自行火炮在战争中边打边改，M7B1型成为最后版本，到1945年完成标准统一，美国宣布将用M7B1型代替旧的M7型。为了把加拿大士兵运往欧洲战场，英国将102辆早期M7型自行火炮的主炮拆掉，改装成可装载20名兵员的"袋鼠"装甲运兵车，也算是物尽所用。

第二次世界大战中，M7型自行火炮跨越大西洋走上反法西斯战场，从阿拉曼的沙漠到诺曼底的海滩，用愤怒的炮火铲除邪恶，为维护世界和平做出贡献。

自行火炮的黄金时代

第二次世界大战是坦克称雄的时代，新的作战模式改变了战场的时空概念。随着进攻一方的攻击速度大大堤高，牵引式火炮已不适应机械化战争的要求。火炮自行化成为炮兵适应战场的必然选择。

第二次世界大战成了自行火炮发展的黄金时代。在这个黄金时代里，世界各军事强国都加入了研制自行火炮的行列，研制出本国的自行火炮。德国、苏联、美国、英国等国家研制出许多著名的自行火炮，德国的"猎豹"、苏联的CY-152、美国的M36等自行火炮都曾名噪一时。在这个黄金时代，自行火炮的产量惊人，准确的数字至今尚无统计，当时生产量达到几千辆的自行火炮比比皆是，像德国的T3型突击炮的产量超过万辆，苏联的CY-76型自行火炮更是高达1.26万辆之多，它们在战争中都发挥了重要作用。在这个黄金时代，自行火炮的种类大量增加，出现了自行榴弹炮、自行火箭炮、自行高射炮、自行反坦克炮、自行迫击炮等多个种类，一个以反坦克炮为主的自行火炮家族日益繁荣。在这个黄金时代，自行火炮技术有了巨大发展，从早期简单的炮架结构到自动旋转炮塔，从顶部敞开式到全封闭战斗室，从战争初期的粗糙拼装到战争后期的精工细作，自行火炮技术发展迅速。在这个黄金时代，著名的自行火炮各具特点、无法全述，只能管中窥豹，以见一斑。德国"猎豹"自行反坦克炮便具有代表性。

德国"猎豹"自行反坦克炮

"猎豹"自行反坦克炮由著名的克虏伯公司制造。1942年1月开始设计，1943年12月定型，次年2月正式投入生产。其与著名的"黑豹"坦克底盘相同，动力装置同为515千瓦汽油机。自行火炮最高车速46千米/小时，最大行驶里程160千米，完全可以随坦克部队共同执行作战任务。另外，底盘通用，方便工厂生产和后续的后勤保障。

"猎豹"自行反坦克炮的主要武器与"虎王"重型坦克相同，均为88毫米71倍径坦克炮，在相应的距离上足以击破盟军重型坦克主装甲，弹药基数为60发穿甲弹，有很强的持续作战能力，并配置一挺7.92毫米机枪，作为辅助武器。"猎豹"自行反坦克炮与主战坦克的一个重要区别在于，没有可旋转360°的炮塔，方向射界左右各11°，只能依靠炮车的转向，在方向上实现大幅度的火力转移。在总体布局上，"猎豹"自行反坦克炮将车身控制比较低矮，以降低被敌方命中的概率，也便于隐蔽伪装，借此提高战场生存能力。

第二次世界大战中诞生的自行火炮精品很多，"猎豹"自行反坦克炮只是冰山一角，但通过对它的了解，可以发现自行火炮是火炮与运载底盘的科学组合，实现了机动力、火力和战场生存力的平衡统一，这是战争发展与科学进步共同推动的结果。任何事物都有两个方面，自行火炮也不例外，优异的性能必然产生昂贵的价格，同时火炮自身的重量也会相应增加，这是制约自行火炮发展的一个重要因素，因为决策者们无法回避部队采购自行火炮和牵引式火炮的比例。

第二次世界大战早已结束，但自行火炮的黄金时代并未随之终结，现在也毫无终结的迹象，究其原因只有一个，战争的根源尚未被彻底铲除。

冷战热炮

  第二次世界大战结束后,世界政治格局发生了重大变化。有人曾经做过精辟的概括,第一次世界大战打出了一个社会主义苏联,而第二次世界大战打出了一个以苏联为核心的社会主义阵营。东、西两大阵营政治上水火不容的冲突和军事上一触即发的对峙,将世界带入了严峻的冷战时代。两大阵营各自全力以赴,针锋相对地发展军事装备,火炮作为军队的重要装备理所当然地成为双方竞相发展的重要领域。

冷战魔炮——"原子安妮"

二战结束，冷战开始，丘吉尔的警告不幸变成了现实。东西两大阵营的对峙剑拔弩张，军备竞赛愈演愈烈。两大阵营的决策者们虽然在意识形态上水火不容，但对发展核武器的认识却有着惊人的相似。因此在军备竞赛中呈现出常规武器与核武器齐头并进，偏重于核武器的基本格局。发展小型战术核弹自然是其中一个重要选项。广岛、长崎天空核爆的火球，将人类自我毁灭的噩梦变成了现实。蘑菇云才散去8年，"原子安妮"炮就已矗立在美国内华达州的试验场上，准备发射美军（人类）第一颗炮射战术核炮弹。"原子安妮"也称"冷战魔炮"，是美国为冷战设计的M65型原子炮，正式名称为280毫米A型炮。"原子安妮"是当时美国唯一具有发射核炮弹能力的火炮。

"原子安妮"口径280毫米，倍径46倍，射程为

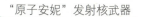
"原子安妮"发射核武器

29 千米（发射核炮弹）和 32 千米（常规榴弹）。"原子安妮"全炮重量 85 吨，机动时采用拖车前后各一台，双车牵引，不需转向既可前进后退。火炮采用液压式控制，装弹机装弹，发射炮弹重达 200 多千克。

1953 年 5 月 25 日，在内华达沙漠的试验场上，任务代号"格拉布尔"的发射开始，"原子安妮"用 T-124 炮弹将 W9 核弹头送入预定地点，随着一声巨响，30 千米外距地面 160 米的空中出现了巨大的蘑菇云，试射成功。这枚核炮弹为 15000 吨级当量（相当于 15000 吨 TNT 炸药爆炸的能量）。约 3200 名观察员见证了它的巨大威力。发射任务由俄克拉荷马州希尔堡美国陆军野战炮兵学校的第 867 野战炮营 A 连担任，他们也因发射的成功而被载入史册。这次发射也是美国唯一的一次核炮发射。其后不久，美军就在"西德"莱茵河地区部署了一个战术核炮营，6 门原

美国 M65 型原子炮

子安妮炮出现在东西对峙的最前沿。

不甘落后的苏联人弯道超车,研制出可发射核炮弹的406毫米大口径2A3自行榴弹炮,并于1956年装备部队,核军备竞赛就这样进入疯狂的状态。在艾森豪威尔总统的就职典礼上,"原子安妮"庞大的队列通过华盛顿特区大街,并获得殊荣。"原子安妮"因弹药辐射、系统庞大、笨重及后勤保障复杂等原因于20世纪60年代被作为预备武器予以封存。由于火箭技术的日趋成熟,使得重型原子火炮黯然失色,逐渐被淘汰出局。

半个多世纪过去了,现在"原子安妮"已光环不在,它静静地陈列在美国希尔堡火炮博物馆里,向人们述说着那段不平常的经历。"原子安妮"的故事结束了,我们相信:人类有智慧创造核武器,同样有智慧销毁核武器。

我们应铭记历史,维护和平,伸张正义,决不让我们星球再出现恐怖的蘑菇云。

"帕拉丁"战神的传奇故事

1990年2月,美军M109型155毫米自行榴弹炮最新改进型正式定型为M109A6"帕拉丁"。美军用罗马神话中骑士的名字命名这款火炮,可见对它信心十足,并寄予厚望。下面就让我们回眸历史,从原点开始讲述它的故事。

"帕拉丁"的原型是M109型自行榴弹炮。该炮于1952年开始研制,1963年7月开始装备美国陆军,是美军的主要火力支援武器。到1988年,M109共生产6700多辆,其中美军装备2400多辆,其余4000多辆出口到英国、德国、以色列等30多个国家和地区,是世界上装备数量最多、装备地域最广的自行榴弹炮。

美国M109型155毫米自行榴弹炮

M109 具有现代典型自行榴弹炮的各种特点。其155 毫米的口径是当今主流口径，可发射北约标准的各种弹药，M548 或 M992 供弹车可以为 M109 提供弹药补给。M109 有良好的机动性能，可以迅速进入和撤出发射阵地，能跟上机械化部队的推进速度，有浮渡江河能力。M109 重量仅有 20 多吨，也可以由飞机空运，实现远距离快速部署。

M109 自行榴弹炮的火力系统采用 M126 型 23 倍径身管榴弹炮，身管中部有火炮抽气装置，身管全装药寿命达 5000 发。火炮的高低俯仰和炮塔旋转均采用液压驱动，并配有液压半自动装填系统，使火炮最高射速达到 3 发 / 分钟，同时也降低了士兵体能消耗，有利于持久作战。M109 车上备弹 28 发，其中包括各种用途的 155 毫米炮弹。另外，M109 还可发射化学炮弹、M454 型战术核炮弹。M109 型自行榴弹炮自服役以来，先后参加过越南战争、中东战争、两伊战争及两次海湾战争，接受了战场的严格考验。

随着美苏两个超级大国军备竞赛的不断升级，M109 也加快了更新升级速度。1967 年 5 月，美军开始实施增加射程的改进项目，使 M109 最大射程达到 18.1 千米。此后 M109 又多次进行改进，相继出现了多种改进型。

20 世纪 80 年代中期，美军开始实施 M109 型自行榴弹炮全面现代化改进项目，在前期改进的基础之上，经过几年努力，终于在 1990 年使 M109 系列自行火炮脱胎换骨，一代战神 M109A6"帕拉丁"横空出世。

美国 M109 型 155 毫米自行榴弹炮

M109A6 型自行榴弹炮系统是 20 世纪末期最先进的火炮之一，也是美军第一种可以独立作战的数字化火炮系统，是美军重装师和装甲部队的主要支援火力。"帕拉丁"采用大尺寸新型炮塔，炮塔采用"凯夫拉"防崩裂装甲，以提高防护能力；炮塔后部有发射药隔舱，全炮携带弹药 39 发（其中包括 2 枚铜斑蛇激光制导炮弹）；配置了遥控身管行军固定器，只需 15 秒便可完成身管锁定和解脱固定的相关操作。"帕拉丁"换装的 M248 火炮射程增加到 23.5 千米，有 360°全向射击能力，能发射多种 155 毫米弹药，具有强大的火力压制能力。

M109A6 最重要的改进是利用信息化技术，使用了先进的火力支援指挥与控制系统，能在连续作战行动中实现火力支援的自动化协同和控制。火炮的计算机系统可接收并处理外部大量信息，迅速生成最佳射击方案（包括射击诸元、弹药种类选择、用弹量等），显著提高战场反应能力和作战效率。"帕拉丁"装备有车载全球定位系统，提高了火炮机动的准确性，在缺少外部支援的情况下也能独立作战。"帕拉丁"作战反应速度极快，由行军状态到第一发炮弹发射 60 秒内即可完成，然后转移阵地继续作战，这就是所说的"打了就跑"战术。为提高火炮战场生存能力,"帕拉丁"配有自动灭火抑爆系统、特种附加装甲,还为发动机加装了废气冷却系统以降低车辆红外特征。

2007年10月,M109A6-PLM型自行榴弹炮闪亮登场。它利用"布雷德利"战车600马力(441千瓦)康明斯柴油机和HMPT-500液力传动系统取代了原发动机和传动系统,显著改善了战术机动能力和武器装备的通用性。火炮采用了自动装弹机,射速显著提高;用电力驱动系统取代液压驱动系统,提高了火炮的瞄准速度和精度。战神如虎添翼,与时俱进。有关资料介绍,M109系列自行榴弹炮的总产量已超过9000辆,使用的国家和地区达30多个。

有人预计,最新升级后的M109A8会服役到2050年。如果真是那样,"帕拉丁"战神就创造了火炮史上跨越世纪的百年神话。

美国M109A8型自行榴弹炮

寒风中的"风信子"——
2S5型152毫米自行加农炮

二战过后,面对北约集团坦克和炮兵的威胁,华约部队装备数量最多的 ZiS-3 型 76 毫米加农炮无能为力,同时发射战术核弹也需要远程火炮,因此苏军急需一种火力更加威猛、射程更远、具有较强机动性的加农炮列装入役。2S5 型 152 毫米自行加农炮计划开始实施。

1974 年前后,2S4 型"郁金香"大口径自行迫击炮研制成功。苏军在 2S4 型"郁金香"自行迫击炮基础之上经十余年的努力终将计划完成。2S5 型"风信子"152 毫米自行加农炮于 20 世纪 80 年代初研制成功,并装备苏联炮兵部队。"移花接木"获得成功,风信子这种美丽的花卉从此与冰冷的大炮联系在

苏联 2S5 型 152 毫米自行加农炮

一起。

　　2S5型自行加农炮为全焊接钢制结构，强度较高，结实可靠。底盘与2S4自行迫击炮相同，皆由GMZ型装甲布雷车底盘改进而成。战斗全重28吨，最高速度63千米/小时，最大行程500千米。动力装置是一台四缸涡轮增压发动机，发动机可使用多种燃料，最大输出功率382千瓦。车体前部装有推土铲，用于行军和开设阵地时清除障碍物，以减少对工兵的依赖。车上还配有红外探照灯和观察设备。

　　2S5型自行加农炮火力强大。53.8倍径的152毫米加农炮初速达942米/秒，最大射程27千米，使用火箭增程弹可达37千米，在同口径火炮中名列前茅。全车携弹30发，火炮装有电力控制的链式输弹机，可将炮弹准确装入炮膛，射手也可以在车后遥控操纵自动装弹，装填自动化使火炮射速达到6发/分钟。

　　2S5型自行加农炮能发射多种弹药，除发射普通榴弹、火箭增程弹外，还可配用战术核炮弹、化学弹、子母弹和混凝土爆破弹。指挥塔前部装有自卫用7.62毫米机枪。2S5型152毫米自行加农炮因火力强大，机动性较强，从列装到苏联解体前，苏联炮兵部队已装备了1650门，在军事对峙的天平上为苏军增加了一颗小小的砝码。

　　但是2S5型自行加农炮也存在明显不足：由于没有炮塔，不能为炮手提供有效防护，也不能在核、生、化污染环境下作战；火炮方向射界太小，只有不便于对快速移动的目标瞄准射击。这些不足成为设计

苏联 2S5 型 152 毫米自行加农炮

者关注的重点，在以后的设计中得到克服。20 世纪 90 年代初，2S5 型火炮被全新的 2S19 型 152 毫米自行火炮取而代之。

沧海横流，时过境迁。作为火炮的 2S5 型自行加农炮沉寂在博物馆的展厅里，而作为鲜花的风信子依然在大地开放！

死亡发射——
2S7 型 203 毫米自行加农炮

不知是因为苏联军人对大口径火炮的超常偏爱，还是因为俄罗斯民族的浪漫情怀，他们喜欢用美丽的花名称呼（命名）各种大口径火炮。2S5 叫"风信子"、2S4 叫"郁金香"等，不胜枚举。就是这样，优雅的芍药和威猛的 2S7 型 203 毫米自行加农炮联系到了一起。冷战中，苏联人在火炮发展上始终坚持更多、更大、更远、更狠的思维。20 世纪 70 年代中期，苏军为提高重炮旅的机动能力，研发了 2S7 型 203 毫米自行加农炮，用以替换 B-4 型 203 毫米牵引加农炮。

2S7 型 203 毫米自行加农炮，于 1975 年研制成功，开始装备方面军的重炮部队，每个炮兵团装备 24 门，主要用于远程压制，歼灭有生力量及火器，破坏野战工事和其他军事设施，北约称该炮为 M1975 型。2S7

苏联 2S7 型 203 毫米自行加农炮

型 203 毫米自行加农炮属于重型火炮，火炮采用重型履带式专用装甲底盘，车底离地高度 400 毫米，战斗状态全重 46 吨，动力装置为功率 330 千瓦的发动机，自行火炮公路行驶 50 千米/小时，越野 20 千米/小时，涉水深 1.2 米，行军战斗转换时间为 6 分钟。该炮车体后端有大型液压驻锄，射击时用以支撑火炮巨大的后坐力。

2S7 型自行加农炮的改进型 2S7M 型"牡丹"携弹量由原车 4 发增至 8 发，配有多种观瞄器材，全炮倾斜 5° 仍可以射击。它有着 60 倍径的长身管，这是当时火炮此项纪录的创造者。这使它能把 100 千克重的弹丸抛射到 30 千米，使用增程弹时射程可达 50 千米，毁伤能力令人震撼。2S7 型自行加农炮配有半自

苏联 2S7M 型 203 毫米自行加农炮

动输弹机，采用液压动力装填弹药，每分钟发射 2 发炮弹。2S7 型自行加农炮不仅能在 -40℃～+50℃的气候条件下作战，而且还具有三防能力，环境适应能力较强。2S7 型 203 毫米自行加农炮对敌方最大的威胁是发射称为"毁灭之弹"的战术核弹。这时"芍药"不再美丽，它的发射是死亡和毁灭！客观地说，由于受到火炮发展理念的束缚，以及制造水平的局限，2S7 型自行加农炮有许多缺点和不足：第一，火炮部分无装甲防护，射手易遭杀伤，装备易受战损；第二，方向射界较小，左右各 15°，不利于火力转移。总的看来，2S7 型自行加农炮有些笨重，自动化程度不高。

核武器的战略威慑地位无人撼动，但作为战术武器使用可能性逐渐下降。同时战术导弹技术上已占有绝对优势，完全可以取代大口径远程火炮发射战术核弹。这对 2S7 是一个严峻的挑战，但是 2S7 非常幸运，历经战争烽火的俄罗斯军人有着深厚的大炮情结。他们认为在军事大国的武器库中，超大口径重型火炮必不可少，因此始终致力于对 2S7 进行改造升级，使它性能不断提高。俄军对它的强大威力充满信心，认为它是常规作战中不可替代的重型武器，俄军迄今为止仍装备有 300 多门 2S7 系列 203 毫米自行加农炮。

2S7 系列 203 毫米自行加农炮在困难中前行，"芍药"和"牡丹"在风雨中开放！

AS90 型自行榴弹炮有颗"勇敢的心"

英国 AS90 型 155 毫米自行榴弹炮

英国在第二次世界大战中以英勇顽强而受到全世界的尊重，战后在北大西洋公约组织中有着举足轻重的作用。在军备竞赛的大潮中，英国人自然不愿随波逐流，他们在自行火炮的研发领域里有独到的见解和不懈的追求。AS90 型 155 毫米自行榴弹炮就是代表之作。

1. 老兵的坚守

1967 年，先进的 FV433 型"阿伯特"105 毫米自行火炮进入英军服役。该炮由维克斯公司制造，采用 FV432 型装甲输送车底盘，搭载罗尔斯 - 罗伊斯的 RK60 发动机，最高速度 47 千米 / 小时，最大行程 480 千米。FV433 型自行火炮有三防能力，能两栖作战。该炮辅助武器包括一挺 7.62 毫米口径机枪及 1200 发子弹和发烟罐。FV433 战斗全重 16.5 吨，火炮火力较为强劲，最大射程 17 千米，最高射速 12 发 / 分钟。

由于 FV433 性能良好，加之英国的新型换代火炮研制一波三折，进展较慢，致使 FV433 型"阿伯特"自行火炮直到 1995 年才开始被替换退出现役。在冷战的寒潮中"老兵"坚守 30 多年，饱经风霜，功不可没。

2. 新兵的入列

随着时间的推移，FV433型"阿伯特"105毫米火炮口径偏小，技术也相对落后，急需替换。新型大口径自行火炮的研制紧锣密鼓，但非一帆风顺。在英国与德国、意大利联合研制SP70自行火炮计划夭折之后，英国人决心走自己的独立研发之路，最终英国维克斯造船与工程有限公司的AS90型自行榴弹炮研制成功。自1992年开始，241辆最先进的战车陆续装备英军部队，成为英国陆军装备的唯一一种自行火炮系统，也是西方国家最早的新一代现代化自行火炮。AS90这个自行火炮的新兵加入了战斗序列。

AS90型155毫米自行榴弹炮机动性能优异。火炮战斗全重45吨。履带式装甲底盘采用美国康明斯公司的V型8缸涡轮增压柴油机，最大功率485千瓦，可以为该炮提供55千米最高时速和370千米的最大行程。AS90自行榴弹炮最大爬坡31°，越壕宽度2.5米，可通过0.75米的垂直断墙，涉水深1.5米。AS90还具有三防能力，能在核、生、化污染环境中作战。

AS90型自行榴弹炮火力强大。炮塔旋转由电力驱动完成，炮塔能够360°快速旋转。炮身的俯仰也由电力驱动，异常灵活。火炮口径155毫米，身管倍径39倍，最大射程30千米。该炮有液压半自动装弹装置，最高射速可达6发/分钟，弹药基数48发。AS90配有1挺12.7毫米机枪。

AS90型自行榴弹炮的火控系统非常先进，由惯性动态基准装置、炮塔控制计算机、数据传输装置组

英国 AS90 型 155 毫米自行榴弹炮

成，可以完成自动测地、自动校准、自动瞄准、控制弹仓、控制装填系统等工作，使火炮独立作战能力大幅提升。

3. 有了勇敢的心

为保持自行火炮领域的领先优势，英军将现役179门AS90型自行榴弹炮进行火炮改进。新改进型起名为"勇敢的心"自行火炮。该炮按北约标准配用52倍径的身管，身管寿命高达5000发（北约为2500发），能发射各种北约155毫米制式弹药。火炮采用了南非M90型双元模块化装药系统，火控系统也有所改进。发射新型底排弹最大射程可达41千米。

在2003年的伊拉克战争中，AS90型"勇敢的心"自行火炮给予进攻巴士拉的英军装甲部队多次火力支援，效果显著。英军前线总指挥将AS90列为英军五大决定性装备之一。

世界在发展，时代在前进，英国人没有停止对完美的追求。他们为AS90型155毫米自行榴弹炮制定了长远改进计划并付诸行动。他们要使"勇敢的心"永远年轻。

底排弹

明日黄花——无后坐力炮

身管火炮用发射药燃烧产生的气体压力向前抛射弹丸,由于力的相互作用会产生后坐力。后坐力会造成炮身的位移,其程度取决于火炮的重量、后坐力的大小。这种情况对于火炮的使用者来说是个很大的麻烦,火炮每发射一次都要火炮重新复位固定而后再瞄准射击,严重影响了射击速度,人们为解决这个问题进行了不懈的努力。1879年,法国的德维尔将军等终于发明了火炮的反后坐复进装置,但这个装置只能缓冲后坐力,使后坐的炮身复位。但这使火炮结构复杂,重量增加,影响机动性。即使这样,在当时来说也是一个相当重要的飞跃。

总有人另辟蹊径,1914年,美国海军少校戴维斯研制出世界上第一门无后坐力炮。他的设计独特而奇妙,即把两枚炮弹尾部相对,装入两端开口的炮管内,点火发射后向前射出的是真弹头,而向后射出的是假弹头(配重体),这样作用力平衡,火炮无后坐现象。向后抛出的配重体(铅油质的假弹头)散开后落到后方,炮手只要注意避开就没有危险。

任何新的创造发明都不会尽善尽美,戴维斯炮也不例外,最主要的问题是装填麻烦且耗时多。发射几次后炮身因温度升高发热而烫手,士兵更难以完成弹药的装填,致使火炮的发射速非常慢。若用于实战,戴维斯炮尚有许多地方有待改进。无论如何,戴维斯的发明在解决火炮后坐问题上,开辟了第二条道路,并迈出了关键一步。探索仍在继续,1917年,俄国人梁布欣斯基对此进行了大胆的改进，取消了假弹，直接用后喷的火药气体平衡后坐力，这样后半部抛射假弹的炮管已没用处被直接去掉，使炮管缩短一半，简化了结构，使装填炮弹变得简单了，向实际使用又进一步。

1936年，梁布欣斯基研制成一种75毫米无后坐力炮。这是第一种正式装备部队的无后坐力炮。1941年，苏芬战争爆发，苏军首次在战场上使用无后坐力炮。无后坐力炮在结构和技术性能方面的特点是：结构简单，操作使用方便；重量轻，便于携行和机动。60毫米以下口径轻型无后坐力炮一般只有几千克重，可以单兵携带，肩扛射击。60～100毫米的中口径无后坐力炮，全重10～20千克，可分解携带，借助三脚架便可射击。大口径无后坐力炮可车载，也可以实现行自化。体形小，射界宽，弹道低伸。作战能力较强，性能可靠。

苏联和美国无后坐力炮

二战期间,各国相继研制成功各种型号的无后坐力炮,在各战场广泛使用,成为伴随步兵分队作战的重要武器,主要用于反坦克和射击敌火力点。二战结束后,无后坐力炮经过一段时间的发展,品种类型有所增加。但是无后坐力炮的火药能量浪费,弹药笨重,初速低,炮尾冲击波威胁炮手安全的主要问题并未解决。

20世纪60年代末到70年代,各国普遍采用无后坐力炮与火箭弹相结合的原理,向发射火箭弹方向发展,这是相当重要的一步。新结构的无后坐力炮减轻了重量,增加了射程,减小了后喷火焰,提高了使用灵活性。具有代表性的产品有瑞典卡尔·古斯塔夫84毫米无后坐力炮、苏联SPG-9型73毫米无后坐力炮等。

苏联SPG-9型73毫米无后坐力炮

1973年，第四次中东战争开始不久，埃及军队在西奈半岛配置了大量反坦克武器，准备与以军装甲队部交锋。一天，埃军第2步兵师在距公路200～300米处预设伏击阵地，配置无后坐力炮、火箭筒、反坦克导弹等武器。以军第190装甲旅进入伏击圈后，遭遇各种反坦克武器突然打击，很短时间内85辆坦克被击毁，指挥官被俘，王牌军全军覆没。战后统计中，有近1/3的坦克是被无后坐力炮击毁的。此役引起了人们对无后坐力炮的重视，但也是无后坐力炮最后的辉煌。

20世纪80年代，随着军事工业快速发展，坦克、装甲车辆的火力、机动力、装甲防护能力大幅提高。无后坐力炮的弹药威力、射程、射击精度都难以应付先进的坦克。重型无后坐力炮被迅速崛起的反坦克导弹取代。轻型无后坐力炮情况同样不妙，它的竞争对手反坦克火箭筒更轻便。更重要的是，火箭筒发射的火箭弹点火后靠自身动力飞行，从火药能源利用率、尾口喷火危险区大小等方面对比，反坦克火箭筒更有竞争力。目前，美国及其他军事强国已有将重型无后坐力炮逐渐淘汰的趋势，而轻型无后坐力炮将与火箭筒逐渐融合。虽然无后坐力炮逐渐淡出主流武器的行列，但它毕竟在人类战争的历史上留下了清晰的一笔！

"章鱼"猎杀坦克

在现代战争的跑道上,两队选手进行着一场没有终点的比赛,它们就是坦克与反坦克武器。这对选手并没有因第二次世界大战的结束而放慢奔跑的脚步。"章鱼"125毫米反坦克炮就是其中的一名优秀选手。自然界中章鱼是捕食甲壳类动物的顶级杀手,俄罗斯人将2A45M型125毫米反坦克炮用章鱼命名,或许是期望它成为战场上猎杀坦克及装甲车辆的明星吧。下面让我们看看"章鱼"125毫米反坦克炮的猎杀本领。

"章鱼"125毫米反坦克炮具有强大的火力。主

俄罗斯2A45M型125毫米反坦克炮

炮由 T-80 坦克的 125 毫米滑膛炮升级改进而成，结构简单、操作方便。火炮身管长为 51 倍径，具有射程远、弹道低伸的特点，是为对付坦克量身定做的。"章鱼" 125 毫米反坦克炮使用 3 种初速高、穿甲力超强、毁伤力极大的 125 毫米弹药。其中：穿甲弹弹丸重 7.05 千克，初速 1700 米/秒，直射有效射程 2100 米，可以穿透 M1A1 艾布拉姆斯等最为先进的主战坦克装甲；125 毫米聚能装药破甲弹，弹丸重 19 千克，初速 905 米/秒，直射有效射程 1150 米，能击毁 "豹" 1A5、M60 等同级别的坦克；125 毫米杀伤爆破榴弹，弹丸重达 23 千克，初速 850 米/秒，有效射程 1200 米，主要用于摧毁掩体、工事、建筑物，杀伤有生力量。

"章鱼" 125 毫米反坦克炮的撒手锏是它的第四种弹药——炮射激光制导导弹（9M119 导弹改进型）。弹重 17.2 千克，破甲厚度达 800 毫米，可以在 100～4000 米距离上准确命中并击毁目标。这种威力足以使世界一流主战坦克望而生畏。同时这种炮射导弹也能有效攻击直升机等低空目标。

"章鱼" 125 毫米反坦克炮具有昼夜作战能力。观瞄系统能进行直接瞄准和间接瞄准。直接瞄准装置由昼用镜和夜用镜组成，这使它具备了昼夜作战能力。

"章鱼" 125 毫米反坦克炮操作方便，使用灵活。虽然战斗全重 6.575 吨，但士兵仍可灵活便捷地操控，因为它的三脚式炮架结构非常合理，具有圆周旋转能力。射击时三脚式炮架呈 120° 等角分开固定火炮，主炮便可在炮架上灵活旋转，具有 360° 射界，可以实行大方位快速转移射击。

"章鱼"125毫米反坦克炮具有较强的战场机动能力。该炮属于牵引式火炮,长距离行军时由乌拉尔4320越野汽车牵引,最高公路行军时速可达80千米,如有需要也可以用相匹配的履带车牵引。"章鱼"反坦克炮行军战斗转换时间为1分半钟到2分钟。它的亮点在于有短途自行能力,一台功率20千瓦的汽油发动机为它提供动力,发动机动力经液压传动系统驱动炮轮,从而实现火炮行走。最高自行速度10千米/小时,最大行程50千米,自行爬坡能力15°。这样,"章鱼"125毫米反坦克炮就有了较强的战场机动能力。

最后要说明的是,"章鱼"125毫米反坦克炮的制造成本与昂贵的主战坦克相比悬殊极大,在效费上占有优势。客观地说,"章鱼"125毫米反坦克炮也存在着防护能力弱等方面的缺点,但综合评估认为它是相当不错的反坦克作战武器。简单、粗暴、经济、实用的特点符合俄军对常规武器设计的传统思维,在反坦克武器中占有一席之地!

俄罗斯2A45M型125毫米反坦克炮

巴西的"热情之花"——阿斯特罗斯Ⅱ型火箭炮

20世纪80年代末,东西对峙焦点的万里之外并不寂寞,巴西人依靠自己的智慧和力量,独立研发出"炮兵饱和射击火箭系统"(ASTROS),即阿斯特罗斯Ⅱ型多功能火箭炮系统,结果非常圆满,道路却相当曲折。

巴西历史上长期受葡萄牙殖民统治,贫穷落后,第二次世界大战后又受制于美国。陆海空三军兵力只有28万人,绝大部分武器装备都要从美国进口。为了改变这种情况,1961年,巴西阿维布拉斯航宇工

巴西阿斯特罗斯Ⅱ型火箭炮

业集团成立，主要研究设计简单的火箭和火箭炮。经过十多年的艰辛努力，在 70 年代后期，巴西终于研发出阿斯特罗斯多管火箭炮。执着的探索仍在继续，在 90 年代初，阿斯特罗斯 II 型多功能火箭炮系统走出了航宇集团工厂的大门。阿斯特罗斯 II 型火箭炮使用高精度投放系统，能发射 3 种口径 8 种弹头，对 9 千米到 60 千米距离目标实施饱和攻击。该炮发射时的场面相当壮观，因此被巴西赋予了一个很感性的名字——"热情之花"。

阿斯特罗斯 II 型火箭炮系统包括：多功能发射平台（车）、弹药补给车和控制指挥车。战斗全重 17070 千克，运动速度 80 千米/小时，行军战斗转换 8 分钟，战斗行军转换只需要 2 分钟。该平台方向射界 240°，由单发和多发两种射击方式可供选择。通用发射平台上的发射架与所有型号的发射箱相匹配，即同台共架发射，极其方便。在发射箱内，一旦火箭弹装入定向管内，就会自动与发射电路接通，进入待发射状态。为防止车辆在行进中和在发射准备过程中意外走火，系统配有若干保险装置，以确保万无一失。

阿斯特罗斯 II 型火箭炮发射平台采用箱式模块结构，有三种型号的发射箱供部队选择。第一种为 SS-30 型发射箱，装有 32 发小型火箭弹，直径 127 毫米，弹长 3.1 米，弹重 66 千克，战斗部重 20 千克，最大射程 30 千米，最小射程 9 千米。第二种为 SS-40 型发射箱，内有 16 个发射管，每个管内装有 1 发中型火箭弹，直径 180 毫米，长度近 4 米，重量 146 千克，战斗部重 54 千克，内装 40 个双用途子母弹，用以打击轻型装甲目标，也可以杀伤有生力量，最大射程40千米。第三种为SS-60型发射箱，内有4个发射管，1次齐射4发大型火箭弹。每发弹直径达300毫米，长5.2米，全重517千克，战斗部重160千克，内装64个子弹药，最远可攻击60千米处的大面积目标。

阿斯特罗斯Ⅱ型火箭炮控制指挥车上安装了瑞士康特雷维斯公司的"战场卫兵"火控系统。它包括跟踪雷达、操纵台、显示台、数字式计算机和电源。一辆指挥车可控制、协调三个火箭炮连，作战能力显著提高。

巴西阿斯特罗斯Ⅱ型火箭炮

阿斯特罗斯Ⅱ型火箭炮弹药补给车用于对发射平台进行快速弹药补给，以保证火箭炮打击火力的持续性。补给采用整体换箱方式，用起重机吊下发射架上的空箱，再将满弹发射箱吊装到位，补给便告完成，用时 12 分钟。阿斯特罗斯Ⅱ型火箭炮系统的发射车和弹药补给车，底盘型号统一，均为 10 吨 6×6 越野汽车，以简化技术保障。

阿斯特罗斯Ⅱ型火箭炮为多口径火箭炮。它能使用 127 毫米、180 毫米、300 毫米三种口径弹药。弹种包括标准杀伤爆破弹、双用途反装甲子母弹、燃烧弹、反跑道炸弹等多种火箭弹，并能发射反步兵战车地雷和步兵杀伤地雷，各类弹药密封在发射箱内利于保存，方便使用。

阿斯特罗斯Ⅱ型火箭炮系统因别具一格的设计和优良的性能，受到了人们的重视，至少出口到 6 个国家。海湾战争中，美军阵地曾遭遇过密集的火箭炮袭击，伤亡惨重。这种火箭炮就是阿斯特罗斯Ⅱ型火箭炮，这是伊军在战争中少有的亮点之一。

阿斯特罗斯Ⅱ型火箭炮系统的研制者们正在发展它的未来版，他们希望"热情之花"继续光彩夺目。

小高炮王国及其姻亲

高射炮和飞机这对宿敌的争斗并没有因为第二次世界大战结束而停止,只是出现了此消彼长、势均力敌的局面。20 世纪 50 年代中期,这种局面被打破,由于飞机普遍采用喷气发动机,机动性能大幅提高,飞行高度可达 12000 米以上,速度也达到了声速,就连射程最高的大口径高射炮也束手无策。

在这种情况下,防空导弹应运而生。进入 60 年代后,防空导弹技术达到了相当的水平,能有效防御高空、中空的飞机。作战飞机开始采取超低空飞行,屡获成功,防空系统出现漏洞,天网需要重新编织。完善导弹技术,中高空防御依靠防空导弹;对小口径高射炮进行现代化改进,提高打击能力,担负低空和超低空防御。这是编织"天网"的必由之路。因此,小口径高射炮重新得到重视,得到了绝佳的发展机遇。

德国"猎豹"35 毫米双管自行高射炮

1965 年,联邦德国陆军提出了研制全天候、全自动高射武器系统的要求。从此,莱茵金属公司和"小高炮王国"瑞士厄利孔公司开始研制竞争。十年磨一剑,德国人终于实现了"豹"Ⅰ坦克底盘和瑞士厄利孔公司 KDA35 毫米机炮的完美结合，"猎豹" 35 毫米双管自行高射炮研制成功，并于 1976 年装备德国陆军。单价 870 万马克的"猎豹"35 毫米双管自行高射炮物有所值。"猎豹"35 毫米双管自行高射炮由"豹"Ⅰ坦克底盘、全封闭炮塔、厄利孔 35 毫米双管自行火炮和相关的火控系统构成，成为战后新一代自行高射炮。该炮战斗全重 46.3 吨，具有三防能力。

"猎豹"有较强机动能性。35 毫米双管自行高射炮采用德国"豹"Ⅰ坦克底盘。610 千瓦（830 马力）10 缸增压柴油发动机和液压传动系统相匹配，能使自行火炮最高时速达到 65 千米，最大行程 550 千米，最大爬坡度 60°，越壕宽度 3 米，可通过 1.15 米垂直断墙。较强的越野能力使它能随同机械化部队一起行动，担负防空任务，并提供火力支援。

"猎豹"火力强大。主要武器为 2 门瑞士厄利孔 90 倍径 KDA35 毫米机炮。炮口初速 1385 米/秒，使用匹配的穿甲弹能在 1000 米距离上垂直穿甲 90 毫米。理论射速 2×550 发/分钟。全车携弹 680 发（含对地 40 发）。火炮方向射界 360°，俯仰射角 –5°～85°，身管寿命 2500～3000 发。配用曳光脱壳穿甲弹、穿甲燃烧爆破榴弹等多种弹药。有效射程 4000 米，最大射程 12800 米。有效射高 3000 米，最大射高 6000 米，能对低空、超低空目标和地面目标实施持续的火力打击。"猎豹"35 毫米双管自行高射炮配备有先进的火控系统。该系统由搜索雷达、跟踪雷达、激光测距仪、火控计算机、光学瞄准具、红外跟踪装置等组成，一流的火控系统使"猎豹"具备了全天候作战能力。

西门子公司研制的脉冲多普勒搜索雷达最大搜索距离 15 千米，具有敌友识别能力，可在行进状态中不间断对空监视，即使悬停的直升机也能在短时间内被发现。搜索雷达能将捕捉到的敌机信号自动传输到跟踪雷达。跟踪雷达的作用距离也是 15 千米，可以对多个目标同时跟踪。目标被探测跟踪后，数据诸元显示在车内操作手的显示屏上，经火控计算机自动处理后即可开火射击。系统反应时间 6～8 秒，技术先进，堪称完美。

"猎豹" 35 毫米双管自行高射炮已成为小口径高射炮的经典之作。我们在想，它的成功可能是因为"小高炮王国"优秀产品遇到了美满姻缘吧。

德国"猎豹" 35 毫米双管自行高射炮

长了眼睛的炮弹——制导炮弹

20世纪六七十年代，华约集团的数万辆坦克对北约集团形成巨大威胁。使用重型火炮远距精确打击装甲目标，遏制钢铁洪流的冲击，是北约军队努力追求的目标，同时也是他们难以破解的难题。原因很简单，火炮系统存在弹丸散布误差，射手操作中会有细微误差，目标有时会做变速变向移动。在各种因素的共同作用下，弹着点会偏离预定目标，射击距离越远，偏离越大。例如，射击距离在20千米时，仅火炮系统偏差就可达50～100米。但人们不言放弃，依然继续寻求破解之道。第一，改善火炮系统技术性能。第二，加强对射手的训练，提高操作水平。但是这两条道路收效甚微，前景迷茫。然而第三条道路上出现了曙光，70年代末，光电技术、微电子技术、现代寻的制导技术都有了革命性进步，北约火炮专家开始研究常规炮弹制导化。功夫不负有心人，经过不懈努力，他们终于如愿以偿。

1979年，美军率先研制成功"铜斑蛇"155毫米激光制导炮弹，1982年开始装备部队，重型火炮实施远程精确打击由梦想成为现实，长了眼睛的炮弹走向战场。

"铜斑蛇"的正式名称是M712型激光制导炮弹，专为155毫米榴弹炮研制，火炮不用做任何改动即可直接发射。使用距离为4000～20000米。"铜斑蛇"发射后，首先按火炮赋予的弹道飞行，在临近目标上空时，则寻找激光回波飞向目标。M712型"铜斑蛇"

激光制导炮弹由三部分组成：一是制导部，内装"炮弹的眼睛"，它负责在一定距离内自动寻找预定目标；二是战斗部，内有空心装药和引信；三是弹尾部，包括稳定翼、控制驱动器和电源。

"铜斑蛇"主要用于攻击装甲目标。远距离作战过程是：射手装定炮弹上的激光编码和定时器，概略瞄准目标即可发射；炮弹按火炮赋予弹道飞行，惯性开关接通电源，定时器同时启动，尾翼释放；临近目标上空时，直升机或前进观察站用激光指示器照射目标；炮弹沿着目标反射的激光波束飞向目标，将62千克重的弹头砸向敌坦克顶部，破甲厚度可达266毫米。当距离适当，火炮使用"铜斑蛇"进行直接瞄准射击时，操作更为简单，激光照射器安装在火炮上。当火炮发射时，激光照射器就同时发射激光束照射目标，弹丸就会沿着目标反射的激光束飞向目标。

在1991年的海湾战争中，美军用M109型155毫米自行榴弹炮发射的"铜斑蛇"炮弹，在OH-58直升机所载的激光照射器引导下，一次战斗就摧毁了伊军12个目标，命中率达90%。研制周期长达10年、研制费用高达1.632亿美元的巨额投入终于得到了回报。"铜斑蛇"开创了炮弹制导化的道路。它克服了火炮、弹药本身的误差，以及风偏、气温、海拔等因素的不利影响，使炮弹由无控变为可控，从此重型野战火炮具备了在最大射程内准确打击点状目标的能力。

尽管一枚"铜斑蛇"价格高达3.5万美元，但丝毫没有影响人们拥有它的热情。东方的另一个军事大

美国M712型激光制导炮弹

国——苏联，后起直追，不久"红土地"激光制导炮弹就由图拉仪器制造设计局研制成功，1984年出现在苏联炮兵部队中。尽管"红土地"与"铜斑蛇"在设计原理、具体结构上存有差异，但它们却殊途同归，都是长眼睛的炮弹。"铜斑蛇"也并非完美无缺，炮弹出膛后，前进观察员必须保持持续照射，直到炮弹落地。这对前进观察员有很高的要求。如遇云层过低、雨雾、浓烟等情况，激光制导的"铜斑蛇"很容易迷盲。这些情况都影响了它的作战效果。

美国人对先进武器的追求是无止境的，他们在20世纪末研制成功M898型155毫米炮射末敏弹（SADARM，译音萨达姆）。它再也不需要前进观察员制导，只要将末敏子母弹发射出去，那么在弹道的末端，子弹药会被抛射出来，自行寻找和识别目标，依靠红外、毫米波器件感知目标，而后用直径147毫米、重11.6千克的弹丸打击目标。它能在100米高空爆炸时穿透135毫米的装甲。当"萨达姆"问世时，华约组织的钢铁洪流已不复存在。M898型155毫米末敏弹只能在日后局部战争冲突中展示不凡的身手。

如果说"铜斑蛇"是了长眼睛的炮弹，那么"萨达姆"就是眼睛更亮的炮弹。

美国155毫米炮射末敏弹

布尔博士与胎死腹中的"巴比伦婴儿"

1990年3月11日,夜幕笼罩下的布鲁塞尔,一位身材魁梧的男子在住所遇刺身亡。他就是神秘超级大炮"巴比伦婴儿"的设计者,一个巨大的军火走私集团头目——布尔博士。让我们从头讲述他离奇的故事。

1. 天才诞生崭露头角

吉拉德·布尔于1928年出生在加拿大安大略省,天资聪明,22岁时他以出色的成绩取得了多伦多大学的博士学位,成为该校有史以来最年轻的博士。1961年6月,他被聘为蒙特利尔麦吉尔大学的工程学教授。1964年,年仅36岁的吉拉德·布尔已是大学宇宙研究所的所长。

"巴巴多斯"大炮

2. 才华横溢屡创奇迹

布尔博士对空间弹道学颇有研究，执着而疯狂地研究远程大炮。刚刚进入宇宙研究所后，布尔博士就设计出"高效竖琴"超级火炮系统，它的口径达1000毫米，身管长达40米，能将两吨重的弹头射入低层地球轨道。这一创造性成果震惊世界，使布尔博士在火炮设计领域一鸣惊人，从此使他对超级大炮更加痴迷。

20世纪60年代，军备竞赛达到白热化程度。为对抗来自东方的威胁，美国陆军和加拿大国防部找到了他，提出合作项目，双方一拍即合。随后在加勒比海巴巴多斯岛的试验场拔地而起，在布尔博士主持下，开始了代号为"高空飞行研究"计划，这是一项秘密使命。他们要研发一种能够发射人造卫星的超级大炮。在加勒比海的小岛上，布尔博士开始创造奇迹。他有奇特的想象力，将两门大口径舰炮的身管焊接到一起，制成一门口径424毫米、长达36米的巨炮，这样就节省了宝贵的时间。试射的那一天，晴空万里，中午1点30分，一声巨响，火焰从炮口喷出，大炮成功地将90千克重的炮弹抛射到180千米的太空。布尔激动得泪流满面，他创造了身管火炮射程的世界纪录。这个纪录一直保持至今，这门巨炮因试验地而被称为"巴巴多斯"大炮。

3. 峰回路转重放光芒

就当布尔博士踌躇满志准备将"巴巴多斯"大炮推向实用之际，军方却于1967年6月突然宣布终止"高空飞行研究"计划。军方认为火箭导弹系统优势较大，相比之下超级大炮已显过时，发展前景堪忧。这个决定是英明的，但对布尔博士却是一个始料不及的沉重打击，他只能面对现实，超级大炮的研制戛然而止。由于布尔博士的才华世人皆知，美国、加拿大对他仍十分器重。1968年，加拿大政府将具有极高荣誉的"麦克迪"奖授予了布尔博士。1972年，美国也通过秘密议案，准予布尔博士10年内可以随时加入美国国籍。布尔博士备受鼓舞，重新振作。

70年代初，他成立了加拿大魁北克空间研究公司，开始开发长身管远程常规火炮技术。"45倍径身管革命"的大戏就此拉开帷幕。当时世界上最先进的155毫米火炮，身管39倍径已达到极限，射程最

奥地利 GC-45 型加榴炮

远仅有24千米。布尔博士开始挑战极限，他既有渊博的理论知识，又有研制超级大炮的经验积累，再加上天才的头脑，布尔博士设计新型火炮轻车熟路，很快就首战告捷，1975年，GC-45型45倍径155毫米榴弹炮研制成功。布尔博士又创造性地开发出MK-10 MOD2型155毫米远程全膛榴弹，这是世界上第一种全膛底排增程弹，对常规火炮远程打击技术革命起到了关键的推动作用。GC-45型火炮使用底排弹时，达到了903米/秒的初速和39千米的射程，创下当时的纪录。

1979年，奥地利获得了布尔博士GC-45型火炮的生产许可权和销售权。从此45倍径火炮开始在全世界扩散，各国纷纷仿制，大戏进入高潮。布尔博士掀起的这场"45倍径身管革命"，使西方国家155毫米火炮技术在半个世纪里发生了第一次飞跃，布尔博士对世界火炮发展做出了重大贡献。

4. 误入歧途万劫不复

布尔博士在火炮设计领域是屈指可数的天才，但对世界政治风云却没有一个基本判断，他与伊拉克军事工业部建立了联系。1985年，伊拉克得到了布尔博士的第一批军火——200门GHN-45型155毫米自行加榴炮，这一年他被伊拉克政府聘为顾问，从此被卷入了危险的旋涡。他为伊军改造了各种型号的火炮，还帮助伊拉克培训武器设计人员，使伊军炮兵得到极大加强，帮助伊拉克在两伊战争后期从伊朗手中夺回战场主动权。据有关资料介绍，两伊战争中伊朗有近十万名士兵死于伊拉克军队的炮火之下。1985年夏，布尔博士重温超级大炮之梦，与伊拉克签订了一项绝密合同"巴比伦计划"，准备研制能发射化学弹头、生物弹头及小型人造地球卫星的超级武器——"巴格达"大炮。布尔博士才能非凡，在高度保密的情况下超级武器研制取得了突破性进展，一门绰号"巴比伦婴儿"的口径 350 毫米的超级火炮，成功地树立在伊拉克北部的试验场。

在伊拉克，布尔博士又找到了梦寐以求的机会研制超级大炮。然而，也正是这个机会，使他付出了生命的代价。1990 年 2 月，布尔博士为伊拉克研制超级大炮的秘密被曝光，震惊世界。不久就发生了故事开头的一幕，布尔博士遇刺身亡，"巴比伦婴儿"胎死腹中。凶手至今仍然是一个谜，但有一点毫无疑问，造成悲剧的直接原因就是超级大炮。布尔博士因超级大炮成为传奇，又因超级大炮而悲惨结局。

"巴比伦婴儿"大炮被发现时已组装部分

巅峰对决——"龙卷风"VS"钢雨"

冷战时期，美苏两个超级大国主导着军备竞赛的走势与节奏。大口径火箭炮威力巨大，自然成为军备竞赛的重要领域。尽管双方因作战理念不同，导致研制过程各异，但美苏却在同一时期研制出各自的顶级大口径自行火箭炮，将常规武器竞赛推向高潮。

1. 毁灭风暴"龙卷风"

"龙卷风"正式名称是BM-30型300毫米自行火箭炮。第二次世界大战中，苏军曾大规模使用火箭炮，取得了多个重大战役的胜利。战后苏军也非常重视火箭炮在陆军的地位，积极发展新型火箭炮。在多年的技术积累上，苏军先后研制成功"冰雹""飓风"等型号的火箭炮，并在此基础上开始研制威力更大的火箭炮，"龙卷风"诞生。

"龙卷风"300毫米自行火箭炮于1983年设计定型并开始生产，于1987年装备方面军火箭炮旅和集团军火箭炮团，主要用于摧毁敌有生力量、装甲车辆、指挥中心、通信枢纽、炮兵阵地等重要目标。"龙卷风"火箭炮采用MAZ-543（8×8）型卡车底

俄罗斯BM-30型300毫米自行火箭炮

俄罗斯BM-30型300毫米自行火箭炮

盘,最高时速60千米,最大行程达850千米。"龙卷风"是苏军口径最大的多管火箭炮,有12个300毫米发射管,其打击能力令人震惊,最大射程达70千米。"龙卷风"一次齐射就可将12枚800千克重的火箭弹射向目标,火箭弹到达目标区域后,共有864枚子炮弹被抛出,这些子炮弹在适当高度爆炸,呈90°垂直角度攻击下方目标,杀伤面积高达67万平方米,这种垂直角度的弹药攻击,对战壕内的人员简直就是灭顶之灾,装甲车辆也因顶部防护最为薄弱而在劫难逃。"龙卷风"配用多种火箭弹,可执行多种射击任务,发射的9M55K型子母火箭弹,除使用标配的杀伤子母战斗部之外,还可选用燃烧子母战斗部、反坦克子母雷战斗部、燃料空气炸药战斗部等多种弹药。"龙卷风"配用的火箭弹,战斗部内装惯性制导系统和飞行轨迹自动修正系统,使火力精度和密度比"冰雹"提高了1～2倍,使"龙卷风"威震天下。

2. 夺命恶魔"钢雨"

"钢雨"是美国M270型自行火箭炮的绰号。第二次世界大战后相当一段时间内，美军作战理念倾向精确打击，火箭炮因打击精度较差，且发射火焰易暴露阵地，一直没有列入美军重点发展装备的名单，直到20世纪70年代美军才改变看法，开始研制多管火箭炮。1983年，首批M270型火箭炮系统走下了沃特公司的生产线，陆续装备美国陆军。领先的科技水平和发达的军工生产，使美国人一步到位，M270型火箭炮性能优越、火力强劲，成为当今世界上最先进的火箭炮系统，同时成为北约的制式武器。

M270型火箭炮使用的底盘由M2布雷德利战车改进发展而成，机动能力与M1主战坦克相比也毫不逊色。战斗全重25.9吨，可以攀爬30°的斜坡和越过近1米高的断墙，越壕宽度2.5米，最高时速64千米，最大行程480千米。该火箭炮安装了轻型装甲，并有三防系统，能够在核生化环境下执行作战任务。M270型火箭炮的发射装置分成左右两个发射箱，每箱有6个发射管，分别储存有6枚火箭弹，发射箱无须日常维护，可保存10年之久，大大缩短了射击准备时间。

该装备配用M26双用途子母火箭弹，弹长约4米，直径227毫米，全重310千克，战斗部内装有644个反步兵、反装甲双用途子弹药，每颗子弹药的直径只有35毫米，重230克，可击穿100毫米装甲。M270型火箭炮一次齐射12枚火箭弹，每枚火箭弹内装644颗子弹药，因此一次齐射便有7728颗子弹药抛向目标，如同钢雨般倾泻，覆盖面积达6.48万平方米。初期最大射程32千米，后期美国科学家对其火箭发动机进行了改进，使射程增加到45千米。M270型火箭炮可以发射

AT2 反坦克雷火箭弹，射程 40 千米，内装 28 枚破甲厚度为 140 毫米的反坦克地雷，一次齐射可布设 10000 米 ×400 米的雷场；还可发射 MGM-140 陆军战术导弹，用于远程精确打击重要目标。M270 型火箭炮的自动化程度很高，配有先进的数字式火控系统，作战反应十分迅速。全炮只需 3 人操作，行军状态转为战斗状态需 5 分钟，所载的 12 管火箭弹全部发射仅用 50 秒，由战斗状态转回行军状态需 2 分钟，"打了就跑"的能力很强。

1991 年的海湾战争中，美军共投入了 189 门 M270 型火箭炮，共发射上万发子母火箭弹，给伊军造成巨大损失和心理压力。M270 型火箭炮以它先进的技术和骄人的战绩被美军誉为火箭炮之王。

3. 巅峰对决胜负难分

"龙卷风"与"钢雨"分别是苏联和美国最先进的多管火箭炮，是东西方火箭炮的标志性产品。两款火箭炮都有王者风范，"龙卷风"火箭炮以火力威猛及射击精度见长，而"钢雨"火箭炮则在机动性及自动化程度上占优。两款火箭炮到底谁是真正的王者，只能由战场决定，我们拭目以待。

美国 M270 型自行火箭炮

人民炮兵向前进

中国人民解放军炮兵,是一支有着光辉历史和英雄业绩的部队。人民炮兵在土地革命战争、抗日战争和解放战争的战火中千锤百炼,成长壮大,为夺取中国革命胜利建立了卓越功勋。

随着中华人民共和国的成立,毛主席"为建设强大的人民炮兵而奋斗"题词的发表,人民炮兵的建设进入了一个崭新的阶段。人民炮兵先后参加了抗美援朝、炮击金门和援越抗美作战,都取得了辉煌战绩,为保卫祖国和维护世界和平做出了重要贡献。

新时代,在强大国力支撑下,人民炮兵紧盯备战打仗需求,机械化、信息化、智能化融合发展,加强新技术、新装备、新战法试验和作战运用,朝着新方向奋勇前进。

黄洋界上炮声隆

1927年10月，毛泽东率湖南秋收起义部队到达井冈山，创建了第一个农村革命根据地，开辟了一条以农村包围城市，最后武装夺取政权的道路，中国从此走上了一条艰难曲折但充满希望的道路。1928年4月，朱德率领的革命部队到达井冈山，与毛泽东领导的部队胜利会师，壮大了井冈山的红军力量，巩固和扩大了红色革命根据地。与此同时，福建、湖北、广西等地也爆发了党领导的武装起义，建立了多处革命根据地，革命形势如火如荼地发展着。

黄洋界战斗使用的迫击炮

国民党反动政权面对风起云涌的革命潮流惊恐万分，对红色根地的经济封锁和军事进攻接踵而来。1928年8月30日上午，湘军第8军第1师和赣敌一部，乘红军主力在湘南未归之际，向我井冈山黄洋界发动猛烈进攻，妄图打开进入根据地的大门。红军31团第1营一部，凭借黄洋界的险要地形，击退敌人多次进攻。下午，当敌人重新组织更大规模进攻时，我军把仅有的一门迫击炮投入战斗，敌人始料不及不敢再攻，当夜撤军而去。

黄洋界保卫战敌众我寡，我军充分利用天险地障，打了一个漂亮的阻击战，红军这门迫击炮对战斗胜利起到了重要作用。毛泽东在《西江月·井冈山》中写出"黄洋界上炮声隆，报道敌军宵遁"的著名诗句，使井冈山的革命斗争和黄洋界的隆隆炮声成为经典，被世人传颂。

大渡河上显神威

中国工农红军为挽救危难之中的中华民族,进行了举世闻名的二万五千里长征。1935年5月,长征途中的工农红军渡过金沙江,通过彝族区来到大渡河,大渡河位于四川西部,是岷江的最大支流,沿途山高谷深,水流湍急。中央红军先头部队攻占了南岸的安顺场,准备利用这个渡口渡河,此时,红军面临严峻的考验。前是天险——大渡河宽300余米,河水以4米/秒的流速奔腾咆哮,两岸悬崖高耸入云。后有追兵——薛岳率十几万大军日夜兼程尾随追击,另有数万川军配合行动。蒋介石亲自调兵遣将,妄图围歼红军主力于大渡河以南,声称一定使红军成为石达开第二,因为当年太平天国名将石达开率领的几十万大军兵败安顺场,全军覆灭,所以一场决定红军命运的战斗即将打响。

5月25日,红军先遣队刘伯承司令员向红一团杨得志团长下达命令强渡大渡河,给红一军团炮兵营长赵章成交代任务:集中全部火炮,掩护部队渡河。此时,红军离开根据地已有很长时间,南征北战历尽艰辛,部队损失很大,红一军团炮兵营仅剩4门82毫米迫击炮,但赵章成毫不犹豫地向刘司令员保证:一定完成任务!他指挥部队迅速占领发射阵地,做好战斗准备。对岸守敌是川军第5旅的一个营,在岸边峭壁上筑了几个土木结构的碉堡,以机枪火力封锁河面和渡口,距碉堡不远处,有

强渡大渡河使用的迫击炮

一个几户人家的小村落和一片竹林,隐蔽着敌军的预备队,随时可以增援渡口。红军炮兵的任务是摧毁敌火力点和压制敌预备队增援渡口,这时红军只剩31发炮弹,完成任务的难度非常之大,赵章成凭着多年的经验和娴熟的技术,仔细测量计算射击诸元,指挥战士们做好射击准备,并亲自操作其中一门火炮。

杨得志团长一声令下,红军突击队的勇士们乘船冲向对岸,敌人碉堡的机枪向渡船疯狂扫射。关键时刻,赵章成操作迫击炮向敌主碉堡射击,炮弹越过河面,准确地落在碉堡顶上爆炸,紧接着他又发射了一发炮弹,炸毁了另一个碉堡。此时,红军的重机枪也向对岸猛烈射击,压制敌人火力。红军勇士的渡船在火力掩护下快速前进,即将靠岸,这时,敌人的预备队从竹林蜂拥而出,向渡口增援。赵章成立即命令4门迫击炮转移射击,连续两个齐射,所有炮弹准确落入敌群,伤亡惨重的敌人四处逃窜。渡河勇士迅速登岸,攻战了渡口工事,随即后续部队渡河,加强了渡口的作战力量。赵章成和战士们也随着后续分队过河参加战斗,突击部队指挥员当即给他指示三个不同方向的目标,而此时也只剩下3发炮弹,由于时间紧迫,赵章成采用简便射击法,不用瞄准具,不用炮架,只用手臂抱住炮筒,目测距离,迅速将3发炮弹分别射向3个目标,全部命中,红军战士乘势发动冲锋,粉碎了敌人的反扑,渡口被我军牢牢控制,红军大部队从这里渡过大渡河,继续踏上万里长征之路……战后,中央革命军事委员会发布命令,嘉奖突击队十七勇士,同时表彰了红军的神炮手赵章成,红军战士创造的奇迹广为流传,他们的英雄事迹永远激励着人们前进。

红军长征带到陕北的唯一山炮

军事博物馆里陈列着一门山炮,它有着不凡经历,这门山炮跟随中国工农红军第二方面军走完了长征之路,是红军带到陕北唯一的一门山炮。这门山炮是红二、六军团(后组建为红二方面军)转战湘鄂川黔边境时,在湖南陈家河、桃子溪战斗中缴获国民党第58师的武器。

1935年4月,红二、六军团计划离开湖南,北渡长江到鄂西创建革命根据地。国民党鄂军纵队司令兼第58师师长陈耀汉急调172旅从桑植出发,沿澧水西进,限令4月12日进抵两河口、陈家河地区,企图配合正在向陈家河开进的敌174旅等部,截击北进的红军。红二、六军团利用陈家河有利地形,于13日集中优势兵力,将孤立突出的敌172旅全歼,就在陈家河战斗刚刚打响时,陈耀汉亲自率58师直属部队及174旅由桑植增援陈家河,当前进至两河口时,发现172旅已被全歼,见势不妙遂掉头向南逃跑。15日16时,军团长萧克率红六军团进至离桃子溪5千米处时,发现河水浑浊,判断有部队刚刚通过,遂令我部加速前进追击,在距桃子溪约4千米的岔路口,萧克命令部队迅速向敌人展开攻击,将敌174旅击溃,并对逃敌实施追歼,黄昏时分结束战斗。敌58师直属部队、174旅和山炮营被歼灭。此战,红军缴获山炮两门,这门山炮就是其中之一。

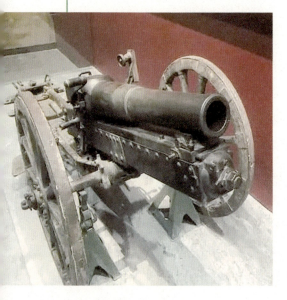

红军长征带到陕北的山炮

山炮是一种适于在山地、丛林等复杂地形下使用的轻型火炮，可分解成几部分，便于骡马驮载或人力搬运。这门山炮原型为德国克虏伯 75 毫米山炮，上海兵工厂 1927 年仿制，射程为 4300 米。红二、六军团首次缴获威力较大的山炮，在当时武器极度匮乏的条件下更显弥足珍贵，红军将山炮装备到炮兵营，从此，山炮获得新生，开始为中国革命贡献力量。6 月 14 日忠堡战斗，红军参战部队就是在这门山炮和迫击炮的火力支援下，将敌第 41 师 2000 余人压缩在忠堡附近的构皮岭地区，继而全歼。1935 年 11 月，红二、六军团开始长征，这门山炮也随着踏上万里征途。1936 年 1 月，突破乌江天险时，就是用这门山炮同迫击炮一起，压制住对岸敌军火力，红军乘机夺取船只，突破了乌江天险。后来红军又带着这门火炮，转战于群峰陡峭的乌蒙山区，抢渡波涛汹涌的金沙江，翻越极度寒冷的大雪山，走过人迹罕至的茫茫草地。在这期间，无数红军战士长眠在雪山草地，但战士们对这门山炮非常珍惜，不畏艰难困苦，不惧流血牺牲，全靠马驮人扛，走过千山万水，终于将这门山炮带到陕北，成为红军长征带到陕北的唯一的山炮。

1959 年，军事博物馆筹建时，贺龙元帅亲自督促寻找到这门山炮，将它陈列在军事博物馆。当人们来到庄严的军事博物馆，看到这门饱经战火的山炮，就会浮想联翩，仿佛看到那苦难的岁月、漫长的征途，看到那前赴后继的红军战士……直到五星红旗升起在天安门广场。让我们多凝视一会儿这门山炮，因为它是一段历史的缩影，是长征精神的真实写照。一颗微小的水珠，能够折射出太阳的光辉！

八路军最狠的一炮——
击毙日军名将之花

1939年10月下旬，侵华日军华北方面军调集第26、110师团，独立第2、3、8旅团各一部2万余人，开始对我晋察冀抗日根据地进行冬季大"扫荡"。与此同时，日军有"名将之花"盛誉的山地战专家阿部规秀，被任命为装备精良、战斗力极强的独立第2混成旅团的旅团长，并担任北线进攻八路军根据地的总指挥。11月2日，阿部规秀命令独立第2混成旅团辻村宪吉大佐率领第一大队1500余人，从涞源出动兵分三路向水堡、走马驿、银坊方向进犯，妄图寻歼八路军晋察冀军区第一军分区机关和部队。第一军分区杨成武司令员得到情报，核实无误后，立即上报军区聂荣臻司令员，军区当即决定歼灭进犯银坊的这路日

击毙日军"名将之花"

军，并命令第一军分区杨成武指挥此次战斗，调第三军分区第 2 团加入战斗，同时协调八路军 120 师给予援助。

杨成武选定雁宿崖作为伏击地点，参战部队迅速展开行动。第一军分区第 1、3 团，第三军分区第 2 团急行军于 11 月 3 日拂晓进入伏击阵地；八路军 120 师第 715 团一部及第一军分区游击 3 支队担负牵制和诱敌任务；第一军分区第 25 团为预备队，就此，八路军严阵以待，只等日军自投罗网。早 7 时许，战斗开始，游击 3 支队对银坊方向进犯之敌节节抵抗，诱其进入峡谷，我第 1 团一部迅速迂回，封闭峡谷北口，切断日军退路，第 3 团一部封锁峡谷南口，日军已成瓮中之鳖。此时，我主力部队突然从东西两面向敌人发起攻击，200 余挺轻重机枪向敌猛烈扫射，待大量杀伤敌人后，向敌发起冲锋，经激烈战斗，500 名日军除 13 人被俘、少数漏网外，其余全部被击毙。

独立混成第 2 旅堪称日军精锐，旅团长阿部规秀中将在日军又有名将之花的盛誉，还是日军的山地战"专家"，遭此惨败后恼羞成怒，马上采取报复行动。4 日凌晨，阿部规秀不等附近日军出动配合，亲率本部第 2、4 大队共 1500 余人，沿辻村宪吉的旧路进行报复性扫荡。晋察冀军区决定集中优势兵力，在黄土岭再歼来犯之敌。同时，在兵力部署上做了调整，通知 120 师特务团赶来参战，并令军区第 20、26、34 团钳制周围之敌，确保黄土岭战斗顺利进行。黄土岭位于涞源县东南，是太行山北部群山中的一座岬口，四周山峦起伏，谷深路狭，中间有条小河滩，是伏击日军的绝佳之地，这是聂荣臻司令员选择黄土岭作为预设战场的原因。

11月6日，阿部规秀率部在八路军游击队的引诱下进入黄土岭一线。八路军的5个团和游击3支队按计划完成对日军的包围。11月7日，阿部规秀对态势有所察觉，逐率部沿山谷东移，企图返回涞源城避免被歼，但为时已晚。15时，日军完全进入八路军的伏击圈后，杨成武一声令下，八路军伏击部队从西、南、北三面向敌人展开攻击，将其压缩在约2千米长、百余米宽的山谷里，日军阵势大乱。我军各种枪炮和手榴弹一齐向敌人开火，整个黄土岭硝烟弥漫，杀声震天。阿部规秀立即组织抵抗，日军抢占了几个小山头，企图冲出包围圈，八路军针锋相对，连续攻击，包围圈逐渐缩小。战斗异常激烈，战斗中，第一军分区第1团团长陈正湘通过望远镜发现，在东南方向的一个小山包上有一群身穿黄呢大衣的日军指挥官和几个随员，正拿望远镜观察战况；在距山包100米左右的一个独立院内，也有跨着战刀的日军指挥官进进出出，陈团长判断：独立小院可能是日军指挥部，南面小山包可能是敌人的临时观察所。他当机立断，给配属1团作战的军分区炮兵连指示目标，炮兵连长杨九秤指挥炮兵战士迅速进入阵地，架好82毫米迫击炮，测定距离，瞄准后立即发射，几发炮弹全部命中目标，小院顿时被硝烟笼罩，阿部规秀当场被炸成重伤而后毙命。

阿部规秀死后，日军各部拼死突围，伤亡惨

重。8日凌晨，日军5架飞机飞抵黄土岭上空，空投粮食、弹药，同时空投一名大佐军官，接替阿部规秀指挥日军残部突围。中午，我军接到外围警戒部队报告，敌增援部队正向黄土岭开进，我军各部按聂荣臻司令员指示有序撤出战斗，黄土岭战斗就此结束。

在黄土岭战斗中，八路军共歼灭日军900余人，击毙日军指挥官阿部规秀中将，并缴获大量武器和军用物资。黄土岭大捷轰动了全中国，极大鼓舞了抗日军民的斗志，对侵华日军是一个沉重打击，就连日本军方及报纸都哀叹"名将之花凋谢在太行山上"。

在黄土岭战斗中，那门普通的迫击炮，因立奇功而闻名于世，被完好保存下来。如今，来到中国人民革命军事博物馆的抗日战争馆，就会看到它骄傲地站立在那里。

万里长江响惊雷

1949年3月,按中央军委统一部署,我第二、第三野战军分路挺进长江北岸,其任务是当国民党集团破坏停战谈判后,立即突破敌人江防,横渡长江,解放江南广大地区。东路突击集团由第三野战军第8、10兵团35万人组成,自江阴至芜湖向敌江防突破,加强的炮兵为特纵炮兵3个团,共有野战炮、榴弹炮110门。中路突击集团由第三野战军第7、9兵团30万人组成,突破地段为芜湖至贵池一线,加强的炮兵为特纵炮兵2个团,共有火炮48门。西路突击集团由第二野战军的3个兵团组成,兵力为35万人,第二野战军炮兵纵队各炮团分别配属到各兵团作战,共

渡江作战

计火炮 150 门。为掩护东线渡江，第四野战军的第 12 兵团负责钳制武汉方向的白崇禧部队。

我炮兵部队的主要任务是封锁江面，打击敌海军，保证部队顺利渡江；压制敌人炮兵，摧毁敌江防工事，阻止敌援兵冲击我登陆场。我炮兵各部队到达长江北岸后，立即组织对敌情侦察，熟悉气象水文情况，勘测地形，构筑阵地，准备弹药，与步兵进行协同作战演练。为能准确打击敌军舰船，部队认真训练对运动目标射击，经过苦练摸索出了对付敌舰的有效方法，对选择阵地、测量水面距离、射击时机的把握以及对射击修正都了然于心，同时还进行了水上训练，4 月中旬部队全部准备就绪。

1949 年 4 月 20 日，中国人民解放军在国民党拒绝签订和平协议后，发起了渡江战役。"百万雄师过大江"场面波澜壮阔。20 时，我中路大军在炮火掩护下，首先发起突击，配属 24 军的三野特纵炮兵 2 团战前准备充分，侦察员观察精准，各炮目标明确，配发弹药充足，在 5 个小时的战斗中，发射炮弹千余发，准确地摧毁了敌江防工事，掩护部队顺利渡江，无一伤亡。在炮兵 4 团的作战地段，炮手们弹无虚发，掩护步兵 10 分钟即突破敌人防线。我东路大军于 4 月 21 日 17 时发起攻击，炮兵部队以猛烈的炮火将敌滩头工事和火力点大部摧毁，并压制了敌炮兵，在炮火支援下，渡江部队顺利攻占了敌滩头阵地，建立登陆场，后续部队随后登岸。我炮兵部队派出的观察组随先头部队渡江，用报话机保持与炮兵阵地联系，按步兵要求及时指示射击目标，火力支援达到了较好的效果。我西路大军的炮兵于 21 日 16 时开始火炮试射，17 时开始校射，18 时第 3 兵团开始发起攻击，攻击方向上的 6 个炮群在上级统一指挥下，对登陆点进行集中射击，保持火力不中断，在强大炮火掩护下，只用 15 分钟步兵便顺利登陆。在我军 20 日、21 日渡江时，英国 4 艘军舰公然协同国民党军舰在扬中以北江面上，炮击北岸我军阵地，企图阻挠我军渡江。我军当即用猛烈炮火还击，在镇江附近江面将英舰"紫石英"号击成重伤，搁浅在龟山脚下，其余敌舰逃往上海。我军全线登陆后敌军纷纷溃退，江南大片土地获得解放。4 月 23 日南京解放。我军渡过长江之后，炮兵掩护任务已基本完成，接下来是阻击敌舰封锁江面，掩护后勤人员运送物资。4 月 23 日 22 时蒋军第二舰队 10 余艘舰艇由南京东逃，遭我沿岸炮兵沉重打击，其中"新安"号、"威海卫"号、"永积"号、"汉川"号等 6 艘舰艇当即被击沉或击伤搁浅在江阴附近，在我强大的军事压力和政治攻势下，敌海军第二舰队起义。至此，我炮兵部队在渡江作战中的主要任务顺利完成。

渡江作战时，我军炮兵部队已初具规模，具备了强大的火力打击能力，成为我军战斗力的一个重要组成部分；我军炮兵部队的战术素质和技术水平有了很大提高，能出色地完成上级赋予的作战任务；炮兵与步兵的协同作战达到了比较理想的水平。在具有伟大历史意义的渡江战役中，人民炮兵为战役胜利做出的重大贡献，在中国革命战争的宏伟史篇中留下了令人瞩目的一页。

土炮艇琼州海峡建奇功

1949年10月1日，中华人民共和国宣告成立，中华民族迈入一个全新的时代。但在祖国的南海，有一块土地尚未回到人民的怀抱，她就是海南岛。

1949年12月中旬，国民党军余汉谋、白崇禧集团残部逃至海南岛，经整编扩充，共有陆军5个军、海军第三舰队50余艘舰船和空军20架飞机，10万余人。岛上守敌由国民党军海南岛防卫总司令薛岳统一指挥，企图凭借琼州海峡固守海南岛，以期将来反攻大陆时作为基地。琼州海峡宽11～17海里，气象情况复杂，洋流海浪变化莫测，这对既无军舰又无飞机的人民解放军来说，无疑是一道非常难以逾越的天堑。为了让五星红旗飘扬在海南岛上空，中央决定：人民解放军横渡琼州海峡解放海南岛。由第四野战

土炮艇

军 15 兵团组成渡海兵团，完成这一光荣的历史使命。渡海部队经过几个月的海战训练，做了充分细致的渡海准备工作，只待符合渡海要求的气象条件出现便可出击。

1950 年 4 月 16 日傍晚，夕阳照耀着雷州半岛，琼州海峡平潮伏流，东风徐徐，横渡海峡的时机到了——19 时 30 分，随着 4 发白色信号弹腾空，我渡海作战兵团第一梯队（40 军 6 个团和 43 军 2 个团）的 5 万官兵，在兵团副司令员韩先楚率领下，分乘 350 条战船，从十几个港湾起渡，蓦然间，雷州半岛海面千帆竞发，庞大的船队浩浩荡荡驶向大海，场面恢宏壮观。船队分为东西两路，航行约 8 海里后，夜幕降临，这时，天空出现国民党巡逻机，投下许多照明弹，船队暴露了目标，敌机立即开始轰炸和扫射，我军指战员进行还击，船队继续前进，其势不可阻挡。午夜时分，船队与数艘敌军舰相遇，位于渡海船队两侧的护航"土炮艇"队伍迅速展开，开足马力，迂回到敌舰侧后，以无畏的精神冲入敌舰火炮射击死角，随即向敌人抵近射击，有效掩护船队行进。

"土炮艇"是我军指战员的一个创造。他们先选择较大的船只，其中也有部分机器船，而后将火炮搬到船上，用沙袋加以稳定，堆起掩体，这些"土炮艇"就成了渡海船队的炮火支援力量。由此可见，炮兵部队利用现有条件，因地制宜，为海南岛战役做了充分准备。

40 军护航船队的指挥船，因故障脱离了船队，天亮后，发现一艘大型的敌舰尾随而来，我军指挥员急中生智，命令战士们用篷布把舱面遮盖起来，人员下舱隐蔽，从远处看就是一条运输船。敌舰果然中计，毫无戒备准备超越，我船长操舵迅速接近敌舰右舷，进入其主炮射击死角，突然篷布掀开，露出数根寒光闪闪的炮筒，急促的射击开始，炮弹接二连三飞向敌舰，这艘军舰正是国民党海军第三舰队的旗舰——"太康"号。此时的"太康"号右舷及前甲板多处中弹，一片狼藉，主炮处于射击死角不能发挥火力，只有带伤全速向南逃遁，坐镇舰上指挥的敌第三舰队司令王恩华身受重伤，不治而亡。这场海上遭遇战中，我军指战员用机智勇敢创造了一个经典战例，同时也有一个击毙敌中将舰队司令的意外收获。

我军的"土炮艇"在渡海中创造了击沉敌舰1艘、击伤2艘的海战奇迹，有力地保证了渡海部队的航行，最终，我军英勇的指战员冒着敌人的枪林弹雨，前赴后继抢滩成功。17日6时，我渡海作战兵团第一梯队的数万官兵在琼崖纵队和先遣部队策应下，将岸防守敌391团歼灭并击溃392团之后，全部在临高角至花场港间登陆，占领了各登陆场，被国民党大肆吹嘘，并用薛岳名字命名的"伯陵防线"顷刻支离破碎。随后，我渡海部队陆续登岛，如同秋风扫落叶一般，消灭守敌3万余人，其余之敌乘船逃往台湾。5月1日，红旗飘扬在天涯海角，海南岛战役胜利结束，宝岛回到人民的怀抱。在这次战役中，"土炮艇"的成功也告诉世人：解放军指战员不仅英勇顽强，而且聪明有智慧。

志愿军炮兵金城战役建功勋

1953年,烽火连天的朝鲜半岛初现和平曙光,是年5月中旬到6月中旬,中国人民志愿军和朝鲜人民军为配合停战谈判,对美军和南朝鲜军先后发起两次夏季作战。6月中旬,停战谈判各项协议均已达成,在即将签字之时,南朝鲜李承晚集团,为获取更多的利益,出尔反尔,企图破坏停战协定。为了再给南朝鲜军沉重打击,我志愿军决定实施金城战役。抗美援朝战争期间,在祖国人民全力保障和苏联政府援助下,志愿军的武器装备逐步得到改善,迎来了苏联的"喀秋莎"火箭炮。在金城战役中,志愿军调集了5个"喀秋莎"炮兵团和其他炮兵部队参战,火炮数

金城战役中的志愿军炮兵

量共计 1360 门，炮弹 70 余万发，还有 20 辆坦克参加战斗。

金城战役定于 7 月 13 日夜间开始，当晚天气阴沉，细雨蒙蒙。21 时整战役打响，我军 1000 多门各种口径的火炮突然开火，金城前线炮声如雷，火光冲天，片刻之间东起北汉江、西至下甘岭几十里的敌军阵地一片浓烟烈火，漆黑的天幕被映成一片紫红。我军的进攻完全出乎敌人意料，志愿军第 20 兵团指挥的 5 个军，趁炮火延伸之际，同时向敌 4 个师的 22 千米防御正面展开猛烈突击，势如迅雷，一小时即全线突破。金城战役其间，西线的志愿军部队和东线的朝鲜人民军均积极出击，有力配合了第 20 兵团的进攻作战。第 1 军向 198.6 高地进攻，毙、伤、俘敌 7000 余人；第 23 军在岘石洞北山战斗中，坦克部队参战为步兵提供支援，其中，215 号坦克在部队冲锋前，仅用 5 分钟时间，将对我步兵威胁最大的敌 3 辆重型坦克击毁。在第二天的战斗中，215 号坦克又击毁敌重型坦克 2 辆，击伤 1 辆，成为志愿军坦克部队的一面旗帜。

金城战役是我军转入防御作战以来规模最大的进攻战役，也是一次对敌重兵把守的坚固阵地进攻的战役。我军正面之敌的防御工事已连续加修两年，构筑了坑道、盖沟、地堡等坚固工事，配以铁丝网和地雷，防御体系相当完整。在 22 千米宽的正面上，有 4 个师重兵把守，单是 105 毫米榴弹炮就有 25 个营。战役发起后，我军却能一举突破敌人的正面防御，突入敌人防御纵深最远达 15 千米，究其原因，除各级正确的作战指挥、指战员英勇冲杀之外，还有一个重要的因素就是我军的武器装备有了明显改善。以炮兵为例，地面炮兵已由入朝初期的3个师增至10个师，高射炮兵已由1个团增至5个师。在这次战役中，我军集中了1300多门火炮，在主要进攻地段上形成了每千米100～120门的火炮密度，占有火力上的优势，因此，尽管敌人工事很坚固，我军20分钟的火炮攻击就把敌防御工事摧毁了40%，并大量消灭了敌人有生力量，为我军步兵全线突破敌军防线创造了有利条件。在此后的防御作战阶段，我炮兵配合各部队击退美军、李伪军的大小反扑1000余次，使美军、李伪军付出沉重代价。截至7月27日，志愿军第20兵团共歼敌52783人，击落敌机85架，缴获大量武器、弹药和军用物资。在15天的战役中，第20兵团向南扩展阵地140多平方千米，将战线拉直。至此，志愿军已攻占金城全部地区阵地，兵锋直指汉城（今首尔），战场形势对志愿军极其有利。金城战役志愿军共歼敌7万8千余人，有力地促进了朝鲜停战的实现。1953年7月27日，停战协定签字，朝鲜半岛迎来和平。

纵观金城战役，我军炮兵作为一个重要兵种，在上级统一指挥下，与步兵协同作战、火力支援等方面已有相当高的水平，我军炮兵整体作战能力达到了一个新的高度。尽管我军炮兵与其他军事大国的炮兵相比，在数量和质量上还存在较大差距，但有一点毫无疑问，那就是我们追赶的步伐在不断加快。

炮击金门打赢政治仗

新中国成立以后,以美国为首的国际反华势力利用台湾问题,图谋制造"两个中国",毛泽东以一个战略家的雄才大略,坚持"一个中国"的基本立场,做出了炮击金门等系列重大决策,为解决台湾问题、实现祖国完全统一奠定了基础。

金门岛(含大金门、小金门、大担岛和二担岛)西距厦门 1.8 海里,东南距台湾高雄 160 海里。1950 年 6 月朝鲜战争爆发后,美国总统杜鲁门抛出了所谓"台湾地位未定论",命令美第七舰队驶入台湾海峡。朝鲜战争结束后,美国加紧了分裂中国的行动,在美国的支持纵容下,国民党军经常以金门诸岛为跳板窜犯袭扰大陆,福建前线解放军以各种方式与之进行针锋相对的斗争。前线炮兵部队按上级统一部署,有计划地炮击国民党踞守的金门各岛,有力地打击了敌人猖獗势头。

1953 年 11 月,美国国务卿杜勒斯在联合国首次提出"两个中国"的谬论。1954 年 7 月 23 日,毛泽东为粉碎以美国为首的反华集团所制造的"两个中国"的阴谋,向全中国和全世界庄严宣告"一定要解放台湾"。是年 8 月,美国政府和台湾国民党当局预谋签订《共同防御条约》,一时间台湾海峡阴云密布,形势高度紧张。为了打击美国政府的侵略政策,惩罚国民党军对大陆的袭扰,人民解放军遵照中央军委命令,在厦门地区集中优势炮火,于 9 月 3 日对金门实施了猛烈的炮击,击沉、击伤敌船 7 艘,摧毁敌炮阵地 9 处，9 月 22 日又对金门实施了一次较大规模的炮击。此后，大陆与金门之间的炮战一直不断，时紧时松。

毛泽东主席曾在下达给福建部队的命令中威严宣布："金门海域，美国人不得护航，如有护航，立即开炮。"

美国政府千方百计地破坏中国独立统一，1955 年 3 月，美台《共同防御条约》生效。美国依据条约，向台湾当局提供了大量的军事援助，增加了驻台美军和军事顾问团的人数。1957 年 3 月，杜勒斯发表美国政府对华三原则：支持台湾政府；不承认中华人民共和国；反对中华人民共和国进入联合国。一年后，

炮击金门

美国将驻台湾的7个机构合并，组成美军驻台协防军援司令部，以加强在台湾的军事指挥系统。这大大助长了蒋介石集团反攻大陆的嚣张气焰，台湾将全部兵力的三分之一集结在金门、马祖等沿海岛屿，不断对大陆进行军事挑衅，加剧台湾海峡的紧张局势。对此，毛泽东决策第二次炮击金门。此时，国民党军队在金门设立了防卫部，下辖6个步兵师及特种部队，共35000人。海峡对面的人民解放军集中了3个炮兵师，在厦门、泉州湾等30千米的海岸线上布置了36个炮兵营、6个海岸炮兵连，共459门火炮。8月21日晚，炮兵部队隐蔽进入发射阵地。23日17时30分，福建前线炮兵部队向金门国民党军和驶往金门的舰船进行大规模炮击，摧毁大批敌军用设施。24日，人民解放军海军鱼雷快艇部队在炮兵的配合下，击沉国民党海军舰船2艘。至9月初，金门的海上补给中断，全岛基本被封锁，这时美国政府摸不清我军意图，下令将地中海第六舰队一半舰只调到台湾海峡和第七舰队会合，向台湾增调了大批航空队、陆战队，并派军舰多次驶进金门、厦门地区海域。虽然美国在台湾海峡集结了大规模海空力量，但出于自身利益的考虑，并不想卷入对中国大陆的直接冲突。

同时，金门的国民党军不断炮击厦门附近的村镇，在此情况下，福建前线炮兵部队于9月8日、11日，又对金门进行了两次大规模炮击，发射炮弹46700发。9月下旬，美国政府要求台湾当局放弃金门、马祖等岛屿，蒋介石则坚决不同意。针对这一情况，毛泽东和中央军委做出"打而不登（岛），封而不死"的新决策。10月6日，宣布停止炮击7天。从此，金门炮战进入打打停停、停停打打的阶段。10月25日，国防部长彭德怀发表《再告台湾同胞书》，郑重宣布：双日不炮击，单日为炮击日，发射炮弹一般不超过200发。从1958年8月23日到1959年1月7日，是金门炮战最激烈的几个月。在此期间，我军共对敌进行了7次大规模炮击，与敌进行了8次空战、3次海战，共击落国民党军飞机36架，击沉击伤国民党军舰27艘，击毙击伤国民党中将以下官兵7000余人。1959年1月9日，中央军委指示"逢单日也不一定都打炮"，此后炮击次数逐渐减少。1961年8月以后，单日炮击只发射宣传弹。

1979年1月1日，全国人大常委会发表《告台湾同胞书》，宣布了争取和平统一祖国的大政方针。从这一天起，福建前线部队遵照国防部长的命令，停止了对金门的炮击，两岸关系进入了新的时代。炮击金门是军事斗争与外交斗争紧密配合的杰作，其意义远远超过军事斗争的范畴，取得了政治、外交上的丰硕成果，粉碎了美国人要国民党撤离金门、分裂中国的阴谋，展示了我党我军在斗争中维护国家尊严与核心利益的坚定决心。

信火一体的序幕

20世纪后期,随着以信息技术为核心的高新技术在战场上大量应用,战争形式在不断发生变化。军队对火炮的战术技术性能提出了新的要求,促使火炮领域发生了深刻的变化。大量现代科学技术的应用,拓宽和丰富了火炮的内涵,使其成为多种技术的综合体,它涉及能源、机械、自动化、电子、光学、通信和计算机等诸多学科。信息化、自动化、自行化成为火炮发展的方向,各军事强国紧随机械化战争向信息化战争迈进的步伐,纷纷开展新型火炮的研发,一场以信息技术为核心,各种高新技术与火炮融为一体的巨大变革就此拉开序幕。

韩国 K9 发展的捷径

20 世纪 50 年代，朝鲜半岛战火结束。由于多方的原因，朝鲜半岛始终处在南北对峙的紧张状态之中，双方的军备竞争也愈演愈烈。韩国军队的武器装备主要依赖其盟友美国提供，火炮也是如此，韩军炮兵的一线主流火炮就是美国的 M109A2 型自行火炮。该炮为 39 倍径 155 毫米自行榴弹炮，射程仅有 35 千米，各种性能指标已经明显落后。而朝鲜实行军事优先战略，火炮发展占据先机。在人民军的装备中，朝鲜独有的"谷山"170 毫米重型自行火炮达 700 多门，最远射程达到了 54 千米，几乎对韩国首都首尔形成威胁。

20 世纪 80 年代末，为取得对朝鲜火炮对抗中的平衡，满足 21 世纪的作战需求，韩国陆军拟定了对新型 52 倍径 155 毫米自行榴弹炮的要求，集团军纵深火力支援，以质量上的优势弥补数量上的不足，以更远的射程在山区地域进行火力支援。1989 年，韩国防卫发展局开始进行新型榴弹炮的研发工作。在竞争中，韩国三星造船与重工业公司胜出，成为新型 52 倍径 155 毫米自行榴弹炮的主承包商。军方对新型火炮关键性要求包括提高射速、射击精度、增加射程，同时要求缩短火炮行军到战斗、战斗到行军的转换时间，提高战场反应能力和机动能力。所有这些要求将使武器系统打击能力和战场生存能力大幅提高。三星公司按军方标准和要求，在 1994 年制成第一门样炮，型号定为 XK9，随后又制造了 3 门试生产型，其中最

韩国K9型155毫米自行榴弹炮

后1门于1998年完成。

以认真著称的韩国人开始了严格的火炮测试。截至1998年底,新型火炮累计行程18000千米,发射弹药12000发。最终火炮的机动性和可靠性通过检验,交出了令人满意的答卷。韩国陆军将火炮定型,命名为K9型52倍径155毫米自行榴弹炮。随后K9开始投入生产、装备部队,十年一剑终于磨成。

K9为履带式底盘,炮塔和车体为钢装甲全焊接结构,最大装甲厚度19毫米,可抵御轻武器火力和榴弹破片的攻击。由于韩国不受武器进口限制,K9采购了世界顶尖产品为己所用。

K9的发动机为德国MTU公司的顶级产品——MT881Ka500v8柴油机,输出功率为735千瓦(1000马力),与德国PzH-2000型自行榴弹炮发动机型号相同。传动装置为美国阿里逊公司的 X1100-5A3 全自动传动装置。该装置是美国 M1 主战坦克传动装置的改进型，有 4 个前进挡和 2 个倒挡。悬挂装置来自英国艾尔洛格公司，与英国 AS90 型"勇敢的心"火炮的液气悬挂装置同款。K9 具有很高的战术机动能力，最高公路速度 65 千米/小时，最高越野速度 39 千米/小时，最大公路行程 500 千米。K9 爬坡 31°，涉水 1.5 米，越壕宽度 2.8 米，并能通过 0.75 米的垂直断墙。K9 战斗全重 46.3 吨，由 5 名乘员操控。

K9 的炮塔为钢装甲，顶部装有间接射击瞄准镜。炮塔座圈载有 4 种 155 毫米弹丸，并装有 4 部独立操纵的电驱动装置。驾驶员头顶上方有向后开启的舱口盖，其前方装有 3 具潜望镜，中间一具可更换为被动夜视型。K9 车内还装有三防系统和内/外通信系统。K9 的主要武器是典型的北约标准 155 毫米 23 升药室榴弹炮。它使用德国莱茵金属 52 倍径炮管，上面装有双室炮口制退器和抽气装置。身管上还装有温度报警装置，用于为自动火控系统提供身管温度信息（身管温度对射击精度有微小影响）。炮尾装有多普勒初速测量系统，测量范围 20～2000 米/秒，用于为车载计算机提供弹丸初速信息。火炮发射 K307 型全膛底排增程弹时的初速 924 米/秒，最大射程 40 千米。K9 配有 21 发底火自动装填装置，可自动输送、装入和抽出底火。火炮的自动装填系统可以从炮塔的弹丸架上取出弹丸，而后放入输弹槽，以备输弹。火炮的最大射速 6～8 发/分钟（3 分钟内），爆发射速 3 发/15 秒，持续射速 2～3 发/分钟（1 小时内）。火炮的方向射界360°，俯仰射角–2.5°～+70°。K9在行进时，身管由车体前部的行军固定器锁定，驾驶员在车内即可遥控固定与解锁，既提高了火炮的反应速度，又保证了"三防"的完整性。

K9的自卫武器是一挺12.7毫米高射机枪，备弹500发。K9弹药基数48发，配用M107榴弹、火箭增程弹、底排增程弹和火箭底排复合增程弹等多种155毫米北约标准的弹药。K9的火控系统由美国霍尼韦尔公司提供。制式装备包括模块式定向系统、自动火控系统、火炮俯仰驱动装置和炮塔回转系统。停车时，火炮可在30秒内开火，行军时可在60秒内开火。K9利用车载火控系统，能将3发炮弹以不同仰角先后发射出去，实现炮弹同时弹着，可见火控能力非同一般。

韩国K9型155毫米自行榴弹炮

通过数据数字电台或音频通信设备，K9可以接收从连指挥站传来的目标瞄准数据，也能独自使用车载火控设备计算瞄准数据。K9开始迈上信息技术与火炮技术一体化的道路。

虽然K9在理论数据上亮点颇多，但在2010年11月23日，韩国延坪岛突遭朝鲜军队炮击，岛上韩军装备的K9在炮战中发生故障，导致韩军在炮战中极为被动，无法压制朝方火力，造成重大武器、设施及人员损失，以及其他方面的负面影响。这次炮战，将K9推向了舆论的风口浪头，人们见仁见智，说法不一。K9有一个无法回避的现实，那就是大量系统、总成均来自他国，属于韩国自己的东西屈指可数。尽管从缩短研制时间、降低成本的角度看，这是一种简单有效的方法，但火炮的这种特殊组合，必将使后期维修、保养、零部件储备、技术保障变得复杂。武器作为战争的工具，直接影响战争的结果，是极其特殊的产品。在生产制造中，过度依赖他人是否可取，值得我们深思。

火炮典范——德国 PzH-2000

20世纪80年代，德国同英国、意大利开始合作研制SP70新型自行榴弹炮，用于取代现役的美制M109A3G型自行榴弹炮。由于在发展理念上存在重大分歧，1986年7月计划取消，三国分道扬镳，各自发展。德国凭借强大的技术实力走上独自研发之路。德国于1986年10月提出"2000年装甲榴弹炮（PzH-2000）"研究计划。PzH是德文自行榴弹炮的缩写，2000是表示2000年的意思。德国陆军要求这种新型自行火炮射程应达到40千米，采用先进的火控系统、导航系统和弹药自动装填机构，有快速反应能力和较高的战场机动能力，并能在核生化环境下使用。

1987年11月，在联邦德国国防部国防技术与采购局主导下，德国几大军工巨头经过激烈竞争后，由军方确定威格曼公司为总承包商，负责整个火炮系统的研制工作和炮塔及自动装弹机的制造，马克集团负责底盘制造，莱茵金属公司负责制造155毫米榴弹炮。

1991年，4门样炮制成，交付军方开始测试。在4年测试中，德国陆军对火炮进行了苛刻试验，发射了8200发炮弹，测试火炮操作、射击、弹道性能，以及自动化、火控、导航、防电磁脉冲等系统的可靠性。德国陆军选择冬季在加拿大、夏季在也门赤道附近对火炮进行气候适应能力测试。4门样炮在各种地形总计行驶近2万千米，以检验机动能力的可靠性。1996年，德国陆军正式宣布PzH-2000成功通过测试，开始批量生产,并授予总承包商威格曼公司一份185门火炮生产合同。1998年7月1日,威格曼公司准时将第一门自行火炮交付给德国陆军。这标志着世界第一款52倍径155毫米榴弹炮成功服役。

1. PzH-2000 具有优异的机动性能

PzH-2000采用"豹"Ⅰ坦克改进型底盘。"豹"式坦克是德国陆军现役的主战坦克,也是当前世界上最优秀的坦克之一。

PzH-2000虽然全重达55吨,但由于使用主战

德国PzH-2000型自行榴弹炮

坦克底盘和奔驰公司 735 千瓦的顶级涡轮增压发动机，在伦克公司 4 速液力传动装置的配合下，最高公路行驶速度达到 60 千米/小时，越野速度达到 45 千米/小时，公路最大行程 420 千米，爬坡、涉水和越壕能力与主战坦克相差无几。因此在战场上，PzH-2000 完全能与"豹"式主战坦克协同作战。车辆的扭杆悬挂和液气缓冲系统有闭锁装置，能在停车时自动锁住底盘，提供稳定的射击平台，人员无须下车即可射击。

2. PzH-2000 装备了世界上最好的武器系统

该炮第一个将 155 毫米 52 倍径的榴弹炮实用化，率先走完了从图纸到试验场再到军队服役的艰难路程，成为自行火炮发展的领跑者。这款 155 毫米 L52 型火炮由莱茵金属公司研制，完全符合北约第二份《弹道谅解备忘录》的标准。

德国PzH-2000型自行榴弹炮

火炮的炮膛温度等各项参数能被自动监测。火炮最大射程 40 千米，并能提供多种射击速率，以满足不同战术需求：10 秒钟内发射 3 发；57 秒钟内发射 12 发；1 分 47 秒内发射 20 发炮弹；每分钟内连续发射 8 发炮弹，该炮以 5 发同时弹着的炮击模式将火炮技术推向了巅峰。

该炮 8 米长的铬钢炮管配有制退器，用于增加弹丸初速并且降低炮口光焰程度。火炮身管寿命为 2000 发。

3. PzH-2000 装有一流的控制系统

该炮采用电子火炮控制系统，炮口自动机械升举，横动驱动。莱茵金属公司发展了一个模块化推进装药系统（MPCS）。所有的发射装药都是同一规格的药包，MPCS 会依据不同的炮弹来决定使用药包的数目。该炮能携带 288 颗装药，使火炮发射药使用得到优化，减少消耗，增加射程。火炮的定位瞄准系统由霍尼韦尔公司生产，安装在炮架上，能自动测定火炮方向、位置和水平高度。

PzH-2000 有先进的组合导航系统，整合了全球定位系统接收装置和车辆运动传感器，保证自行火炮随时获知自己的位置，在无任何准备的阵地实现快速瞄准射击。

4. PzH-2000 实现炮弹装填完全自动化

PzH-2000 装备了自动化弹药装载系统和管理系统，能自如地处理 60 发 155 毫米弹药，炮弹可从车辆容量 60 发的弹舱中自动获取。自动装填系统从车身中部直到车尾，弹种选择、发射药装填、引信设定以及炮弹上膛完全自动化，如同一条流水线。

当需要外部补充弹药时，将车辆后方弹舱门打开，只要将炮弹放在定位点上，PzH-2000的炮弹输送系统就会自动将炮弹送往弹舱，按位摆放，并在12分钟内完成60个弹头和288个发射装药的补充，总重量达3.5吨。该炮配备的弹种主要有杀伤爆破榴弹、子母弹、烟幕弹和照明弹。值得一提的是，由德国智能弹药公司研制的"斯马特"智能子母弹，配有传感器系统和信号处理器，能在目标上方扫描、分析目标特征，计算出最佳起爆时间，从上向下攻击坦克顶部，破甲厚度150毫米。

5. PzH-2000配有高端的火控和观测系统

该炮的火控和观测系统由弹道计算机、观察瞄准装置、热像仪、激光测距仪等组成，能使用自动化模

德国PzH-2000型自行榴弹炮

式操作，包括一套同外部指挥系统相连的无线数据链/语音通信系统。自主火控功能由欧洲宇航防务集团生产的车载MICMOS计算机控制。弹道计算机对弹药数据、目标数据以及射击数据进行自动管理。强大的信息处理能力和高度的自动化，使其具有快速反应能力和战场生存能力，行军与战斗转换间在30秒内即可完成。为应对战场突发情况，该炮具有备份模式，即使某一组件损坏也能保证全系统的承受能力。车辆指挥官配有一套徕卡全景潜望镜，炮手配用徕卡昼夜直接射击瞄准镜，用于直接瞄准射击。上述配置使其具备昼夜作战能力。

PzH-2000的自卫武器是一挺7.62毫米机枪。除此之外，还在炮塔前后安装了多具烟雾发射器，发射的烟幕弹为多频谱式，除了遮蔽目光外也能阻绝激光和红外线，从而提高战场生存能力。

PzH-2000性能优异，受到欧洲各国认同，希腊、荷兰、意大利等国不惧价格昂贵陆续订购。韩国人干脆将PzH-2000的52倍径身管和发动机直接装在了自己的K9型自行榴弹炮上。

PzH-2000是将现代化信息技术与性能优良的火炮技术融为一体的经典之作。它以强大持续的火力、优异的机动性能、快速的战场反应能力和超强的环境适应能力，成为自行火炮的典范，成为德国的骄傲。

瑞典"弓箭手"

瑞典位于北欧斯堪的纳维亚半岛，风光奇特，历史悠久，高度发达的军工制造业令人瞩目。在瑞典众多的军工企业中，博福斯公司有着悠久的历史和骄人的成绩，更因伟大的科学家诺贝尔对它的非凡贡献而名传遐迩。博福斯公司的经典作品中，有二战期间交战双方都大量装备的40毫米博福斯高射炮，也有战后推出的性能出众的FH-77A型155毫米榴弹炮。

进入21世纪后，博福斯公司继续向新的高度跃升，开始研发新型榴弹炮，为军队提供更好的装备，并借以开拓新的国际市场。2004年2月，瑞典军方拨款2500万美元，支持博福斯公司代号"弓箭手"项目的研发。2010年3月，BAE系统公司签订了价值2亿美元的生产合同，将生产至少48套FH-77 BW L52型"弓箭手"榴弹炮系统，挪威陆军和瑞典陆军各24套。2013年9月，瑞典接收了首门预生产型"弓箭手"榴弹炮。由于资金问题，挪威取消了24门"弓箭手"榴弹炮的订购。"弓箭手"项目是一种注入网络战概念、数字化技术和其他高新技术的新型火炮系统，包括弓箭手自行火炮、弹药补给车和维修保养车。"弓箭手"火炮系统中的车辆采用相同底盘，便于管理和技术保障。

"弓箭手"具有高机动性和全地形通过能力。瑞典的155毫米自行火炮采用模块化设计，可以安装在履带式底盘上，也可以安装在轮式卡车底盘上，瑞典军方经过权衡最终选择了轮式底盘。

"弓箭手"选用著名的沃尔沃 A-30D 型 6×6 全轮驱动自卸车底盘,具有 28 吨的载重能力。该底盘为铰接式,当车辆在林间弯曲的小路或者崎岖路段时,车的后部能自由摆动,全长 14 米的车辆能灵活通过这些路段。底盘采用全悬挂前轴和全地形转向架结构,能确保车辆在恶劣地形和严冬路面安全行驶。车辆的动力装置是沃尔沃涡轮增压柴油机,最大功率 242 千瓦,搭配自动变速箱。车辆公路最高行驶速度 70 千米/小时,越野最高行驶速度 45 千米/小时,最大行驶里程 500 千米,最大爬坡 22°,涉水深度 1.2 米。"弓箭手"配有夜视行驶装备,必要时车辆可闭灯行驶。

"弓箭手"的全封闭乘员舱达到了北约 3 级防护

瑞典FH-77 BW L52型"弓箭手"榴弹炮系统

要求，可抵御轻武器射弹和炮弹碎片攻击。乘员舱有防核、生、化装置和灭火抑爆系统。底盘能抗衡6千克压发式反装甲地雷的冲击波。上述结构有效地提高了乘员的战场生存能力。

"弓箭手"配置的主战武器是1门FH-77B05型155毫米榴弹炮。52倍径的身管长8.06米，配大型双挡炮口制退器。火炮采用25公升容积药室，可以使用所有北约现役弹药，还能发射长度不超过1米、重量50千克的重型榴弹。弓箭手火炮配用杀伤爆破弹、破甲弹、照明弹和底排弹等多个炮弹品种。火炮采用博福斯新型模块发射药，其中有高级点火药芯和激光点火系统，技术居世界先列。它发射标准弹丸最大射程30千米，发射底部排气弹最大射程40千米。"弓箭手"发射的M982"亚瑟王神剑"制导炮弹，由博福斯公司和美国的雷神公司共同研制，采用GPS和惯性联合制导，最大射程达60千米，能对敌纵深重要价值目标实施精确打击。"弓箭手"火炮有先进的火控系统，能准确锁定目标，快速持续发射，携带的20枚待发炮弹如有需要2分半钟便能打光。火控系统可以控制火炮30秒发射6发炮弹，并且采用不同的弹道，确保6枚弹丸同时落向一个目标，将目标彻底摧毁。

"弓箭手"装有先进的数字化指挥和控制系统，在乘员舱前排驾驶位置配有GPS导航系统和计算机系统。后排3个炮手位置有计算机终端，火炮操作全部实现自动化。依靠GPS导航系统进入阵地，随即惯性导航系统定位定向，30秒进入战斗状态。炮长通过火控计算机控制火炮自动瞄准，自动选弹装填、自动射击。发射结束后，火炮按指令25秒内自动转入行军状态。全部过程实现了战斗过程中人员不出舱，可以说"弓箭手"是自动化程度最高、战场反应速度最快的火炮。"弓箭手"弹药装填系统也是博福斯的杰作，火炮随车的21发弹药装在火炮后部的弹舱中，自动装填系统实现了选弹到装填全程自动化，炮组人员可在乘员舱内遥控完成所有操作。由于高度自动化，炮组人员减至4人，必要时2人也可完成发射任务。

瑞典FH-77 BW L52型"弓箭手"榴弹炮系统

"弓箭手"配备有昼夜直接瞄准射击系统,可以对车辆两侧2000米范围内的目标直接瞄准射击,这对于打击突然遭遇的敌方装甲目标很有实用价值。"弓箭手"的辅助武器是车顶上的遥控式自动武器站,配有12.7毫米重机枪,备弹500发,采用双排链式供弹,由炮长在乘员舱内遥控射击。遥控武器站也可以根据需要更换7.62毫米机枪,配弹1250发。此外,配备有一辆携弹120发的弹药补给车。补给车有弹药装卸设备,可在10分钟内将20发弹药快速装入火炮后部弹舱中,并且定位存放,便于火炮自动装填弹药入膛。

"弓箭手"战斗全重30吨,可以满足空运要求,具有一定的战略机动能力。它以优良的性能和精湛的品质,成为自行火炮家族中的佼佼者,为博福斯公司赢得了荣誉,成为军工王国的骄傲。

法国的"恺撒"

20世纪90年代以来,世界范围内局部战争和地区武装冲突不断发生,对军队的战略机动能力提出了新的要求。大口径火炮作为重要装备,必须具备与快速部署兵力同时到达的能力。履带式自行榴弹炮有着鲜明特点和优越性,但其战略机动性较差,对后勤保障要求高,不便于远程快速部署。

在需求牵引和技术推动的共同作用下,重量较轻、火力不减、灵活机动的且能够用飞机空运和直升机吊运的车载自行火炮便应运而生。最具有代表性的就是法国研制的"恺撒"155毫米车载自行榴弹炮,它标新立异,专为执行快速任务的部队设计制造。

"恺撒"由法国地面武器工业集团(简称GIAT公司)研制,1994年6月,在巴黎武器展览会上,演示样炮首次登台亮相。155毫米榴弹炮安装在德国梅

法国"恺撒"155毫米车载自行榴弹炮

赛德斯-奔驰公司研制的 U2450 卡车底盘上，身管安装在卡车后部，炮口越过驾驶舱指向前方。这种巧妙组合引起了人们极大兴趣，也为大口径自行火炮轻量化开辟了新的路径。

GIAT 公司于 1998 年将首门全系统样炮研制成功，随后交付军方测试，并根据试验结果对样炮进行了改进。2003 年 6 月，GIAT 公司向法国陆军交付首批 5 辆不同底盘的预生产系统，由军方进行技术测试和作战鉴定。2004 年中期，法国武器装备总署订购了 72 辆"恺撒"。这批火炮将采用新型雷诺 6×6 卡车底盘。"恺撒"具有高度机动性能，在战略机动性上可用军用运输机对火炮系统整体空运。"恺撒"没有炮塔，而且炮架、驾驶舱和弹药舱均选用铝合金和轻型复合材料制作，战斗全重仅为 17.1 吨。北约的美制 C-130 运输机和法德联合研制的 C-160 运输机均能承担"恺撒"的整体空运任务。1 架 C-130 型运输机一次即可运送 1 门整系统"恺撒"155 毫米榴弹炮和配用弹药，同时可搭载 5 人炮组。而法国现役的 155 毫米牵引榴弹炮却需要 2 架 C-130 飞机运输。由于法国空军战略运输能力有限，"恺撒"的优势非常明显，成为随同快速反应部队远距离战略部署的理想重型武器。

"恺撒"战役机动能力相当不俗，它在需要进行较远距离的战场机动时，能够使用直升飞机进行吊运，尤其在崎岖的山地和丛林水网地带作战时这一优点极为明显。"恺撒"战术机动能力也令人满意。"恺撒"样车配用梅赛德斯-奔驰公司 U2450 型底盘。这是一款性能优秀的 6×6 卡车，自重 9 吨，载重 10 吨，搭载 176 千瓦涡轮增压柴油发动机。正式批量生产型换用法国雷诺公司的雪帕 6×6 卡车，功率性能不变，"恺撒"最高速度 100 千米/小时，最高越野行驶速度 50 千米/小时，最大公路行程 600 千米。由于重量轻，行进速度快，能够快速进入阵地、快速射击并撤出阵地。

"恺撒"性能优良。采用 52 倍径身管，口径 155 毫米，炮口制退器为双气室式。身管寿命为 1000 发。药室容量 23 升，符合北约《弹道谅解备忘录》规定，可以发射所有北约现役炮弹，火炮使用药包发射药，可兼容 3 种发射药。"恺撒"配用的主要弹种有 M107 榴弹、全膛底排增程弹、"奥格拉"双用途子母弹和"欧米"反坦克布雷弹。另外，还能发射"博尼斯"精确制导炮弹。在使用全膛底排增程弹时，火炮最大射程达 42 千米。

"恺撒"配有半自动装弹机，发射药、弹头由人工辅助机械装填。"恺撒"的爆发射速为 18 秒 3 发，持续射速 3 发/分钟，具备 3 发同时弹着能力。"恺撒"有较高的射击精度，在 2002 年的一次发射演示中，火炮从 5 个不同位置发射了 16 发炮弹，其中有 7 发命中目标，其余 9 发距目标 50 米内爆炸。

"恺撒"具有很强的信息化作战能力，装备有模块式火控系统，包括 CS2002-G 型火控计算机、自动瞄准系统、"西格玛" 30 型三坐标惯性导航定位系统、GPS 全球定位系统接收机、RBD4 炮口初速测定雷达和自动实时数据传输系统。CS2002-G 火控计算机用于控制液压驱动的瞄准系统，接收 RBD4 炮口初速测定雷达的信息，进行三维敌我识别，还能够进行弹药状态管理、火炮状态管理。"西格玛"30型三坐标惯性导航定位系统负责提供阵地信息和目标信息，使"恺撒"能够不依赖测地分队独立遂行作战。使用PR4G甚高频无线电台后，CS2002-G型火控计算机可以与法国陆军的"阿特拉斯"炮兵指挥系统交换信息。自动数据传输系统可以与外界建立联系，接收上级火力单位、炮位侦察雷达和侦察机发出的信息。信息技术和机械化的结合，使"恺撒"具有较强的战场反应能力，该炮能在1分钟内从行军状态转入战斗状态，转入战斗发射6发炮弹后，撤出阵地用时3分钟，所以"恺撒"非常适合进行快速反应作战。

"恺撒"主要的缺点是轻量化设计，没有炮塔，射击时炮组人员和火炮要完全暴露在外，从而使战场生存能力下降。它不具备三防能力，使用范围和时机受到战场环境限制。另外，轮式车辆底盘使其克服道路障碍的能力有限，但这在情理之中。

"恺撒"作为车载火炮的代表，实现了大口径火炮轻量化，使火炮优异机动性能和强大火力达到平衡统一，并成功地将信息技术应用于火炮，为快速反应部队提供了理想的重型榴弹炮，为火炮技术的发展做出了贡献。

法国"恺撒"155毫米车载自行榴弹炮

风火轮上的战神

在新旧世纪交替之际，为适应现代战争的发展趋势，世界各国陆军纷纷转型，相关领域的军事变革悄然开始。作为陆军重要装备的自行火炮在此影响之下，其发展趋势和节奏都发生了重大变化。信息化、自动化、火力强、反应快和高机动能力，成为各国自行榴弹炮发展的主旋律。南非人在时代的大潮中激流勇进，创造出了属于自己的火炮。

被誉为彩虹之国的南非，位于非洲大陆的最南端，有广阔的高原沙漠，地势较为平坦，地面坚硬，公路网发达。在这种自然环境下，轮式战车便于战场机动和节省燃料，同时可靠性和可维护性也优于履带式战车。基于以上原因，南非陆军将火炮发展的重点放在轮式自行榴弹炮上。

早在 20 世纪 70 年代初，南非人开始下决心研制新型火炮，用以替换破烂不堪的现役火炮，并于 1979 年研制成功 45 倍径 G5 型 155 毫米牵引式榴弹炮。随后又在 G5 的基础上研制出具有自行能力的 G6 型自行榴弹炮，并于 1988 年定型生产并装备南非国防军。G6 型自行榴弹炮因创意独特，性能优良而一炮走红。这使制造商南非迪奈尔公司信心倍增，决心对火炮改进升级，与欧美各国一争高下。为实现这一目的，迪奈尔公司在 G6 的基础之上，推出了 52 倍径 155 毫米火炮，正式名称为 G6-52L 型 155 毫米自行榴弹炮。从此，世界 52 倍径 155 毫米火炮俱乐部中又多了一位新成员。

南非G6-52L型自行榴弹炮

　　G6-52L 轮式底盘独具特色。全车分为驾驶舱、动力舱和战斗舱三部分。采用 6×6 轮式底盘，其动力装置是一台 386 千瓦的风冷柴油机。为了适应在南非的硬质沙漠地带行驶，G6-52L 采用低压大直径防弹轮胎，轮胎拥有气压调节系统，驾驶员可以根据路况调整轮胎气压，使车辆轮胎与地面的接触保持最佳状态。由于采用了大直径、高承载力轮胎，G6-52L 只用 6 只车轮便承载了 49 吨的重量，平均每个车轮负重达 8 吨之多。G6-52L 公路行驶最高速度为 90 千米/小时，越野速度达到 70 千米/小时，最大行程 700 千米。爬坡 31°，涉水深度 1.5 米，越壕宽度 2 米，可通过 0.8 米垂直断墙。火炮的战斗展开/撤出战斗时间为 30 秒。各项指标表明，G6-52L

的行驶速度和续驶里程具有一流水平，克服障碍能力与履带式车辆相差不大，而燃油消耗远低于同吨位的履带式车辆。因此，轮式战车比较适合在南非沙漠地带使用。

G6-52L 武器系统世界一流。身管长度为 52 倍径，是世界公认的黄金比例。炮口装有蘑菇状炮口制退器，内膛加装了耐磨衬垫，因而大大提高了射击精度并延长了身管寿命，全装药发射寿命达到了 1500 发。携弹 48 发，配有新型自动装弹系统。最大射速可达 8 发 / 分钟，30 秒内可进入 / 撤出战斗。有 360° 旋转的炮塔，实际射击中炮塔旋转范围被限制在左右各 70°。火炮的俯仰射角 –5° ～ +75°。最大射程取决于弹药的种类和推进药的选择。该炮配用榴弹、高爆反坦克破甲弹、全膛底排弹、子母弹和发烟弹等多个弹种。其中，发射迪奈尔公司的标准榴弹的射程为 40 千米，发射 M9603 型全膛底排弹的射程达到 50 千米，发射 M9703 型提速远程炮弹的射程达到 67 千米，发射这些炮弹须用加装了特大号模块的 M64 全装药。迪奈尔公司设计的 V-LAP 新型弹药系统，采用底部排气和火箭助推增程。当弹丸即将飞到最高点时，火箭发动机点火工作，通过提高弹道最高点进一步实现增大射程。2006 年 4 月，火炮在 V-LAP 炮弹发射试验中，最大射程达到了 75 千米，创下了当时自行火炮的射远纪录。由此，G6-52L 的火炮和弹药技术成为同行追赶的目标。G6-52L 的辅助武器为一挺 12.7 毫米的高射机枪，弹药基数 600 发。

G6-52L 自动化水平又攀高峰。为适应现代作战需求，G6-52L 配有先进的火控系统、定位定向系统、自动导航系统和自动瞄准装置。G6-52L 配用改进型 AS-2000 火控系统，采用单按钮全自动瞄准，其核心是 AS-80 型连级火控计算机，用来计算火炮射击诸元，并把数据传输到 3 台显示器上，供车长和瞄准手使用。火控系统还包括三合一直接瞄准镜、光学机械间接瞄准镜、操纵装置等，具有全天候作战能力。G6-52L 还包括激光测距仪、昼间瞄准镜、被动式夜间瞄准镜、炮口基准装置和弹道计算机在内的火控系统。炮塔内装有机电式测试与控制系统，用来补偿射击距离、弹丸重量和装药种类而引起的高低误差。炮塔内还装备了全装药当量计算器和身管过热报警系统。作为一个完整的武器系统，G6-52L 配备了 S-700 气象站、初速度测定仪和炮兵专用的头盔式无线电通信设备。G6-52L 配属了"搜索者"Ⅱ型无人机，实现自行火炮信息技术的跨越。"搜索者"无人机航程 250 千米，续航时间 10 个小时，可以为 G6-52L 提供实时的目标捕获、炮弹落点探测和射击校正，实现了大范围内的战场监测，为火炮的自动化指挥系统连续不断地提供大量战场信息。整套无人机系统部署在 2 辆南非陆军 10 吨级制式卡车上，具有快速部署能力，行军战斗转换只需 20 分钟。大量先进技术的应用，使 G6-52L 能在全天候、昼夜间快速定位，迅速展开，自动控制火炮快速精确打击目标。G6-52L 的作战能力被自动化技术推升到一个新的高度。

G6-52L 的防护性能令人满意。其车体全部由钢装甲焊接而成，能防御 23 毫米穿甲弹的攻击。车体下部采用 V 型设计，双层底部装甲可以承受 3 枚反坦克地雷爆炸的冲击。驾驶室安装的是防弹玻璃，战时还可以用装甲板罩上。战车上装有 4 具 81 毫米烟雾发射器，为战场临时隐身之用。

G6-52L 的最大缺点就是重量太大，战略机动性较差。

G6-52L 型 155 毫米自行榴弹炮是风火轮上的战神，驰骋在非洲广阔的沙漠之中。

南非 G6-52L 型自行榴弹炮

轻巧的重炮——M777

20世纪中期以后，战术导弹迅速崛起，以射程远、命中率高的优势使大口径火炮黯然失色，尤其是口径203毫米以上的重型榴弹炮，因过于笨重而面临淘汰。但战术导弹价格昂贵，技术复杂，不能持续为作战部队提供火力支援。

155毫米榴弹炮技术成熟，有射程、射速、毁伤能力、重量等方面的综合优势，可以为步兵提供连续的火力支援。到20世纪80年代，155毫米口径获得大多数国家认同，成为众多国家陆军榴弹炮的"标准口径"。

当时的155毫米牵引榴弹炮重量通常在8吨左右，行军长度约8米，是名副其实的重炮。但是这种炮战略机动性较差，无法满足新时期陆军快速反应部队作战需求。美军长期坚持全球战略的思维导向，不断加强快速反应部队全面建设，希望部队得到理想的火炮装备。因此，155毫米榴弹炮的轻量化受到美军高度重视，并积极探索解决之道，力图实现威力不变重量减半的目标。

1987年，美国国防部提出了轻型榴弹炮的指标，对美国洛克希德·马丁公司的155毫米轻型榴弹炮、英国维克斯造船与工程有限公司的UFH超轻型榴弹炮、英国皇家军械公司的LTH轻型榴弹炮进行测试对比。1997年3月，经过10年的试验和鉴定，美军最终选定了英国UFH超轻型155毫米牵引榴弹炮，命名为M777。该炮由维克斯公司主导设计，位于伯明翰邦的廷钛金属公司承担了制造炮架和摇架的任务，另有几家公司也参与了火炮构件的制造。又经 7 年打磨，M777 于 2004 年开始装备美军，用作陆军轻型部队的支援武器系统。海军陆战队将该炮用作直接支援武器。火炮正式名称为 M777 超轻型 155 毫米榴弹炮。

BAE 系统公司在设计制造 M777 火炮时，为减轻重量，大量采用强度高、重量轻的钛合金，在 4 吨重的火炮中就用了近 1 吨的钛合金材料。火炮的炮架、摇架、驻锄等部件均采用挤压成型的铝、钛合金。由于钛合金价格昂贵，BAE 系统公司精心设计，尽量高效地使用钛合金，使一些部件具有多种功能。先进

美国M777超轻型155毫米榴弹炮

的设计和新材料的应用，使 M777 的重量仅在 4 吨左右，为相同口径 M198 榴弹炮重量的 1/2。地面机动时，由现役的 5 吨卡车或中型战术车辆牵引。空中机动时，使用 MV-22 倾转旋翼机、黑鹰直升机、C-130 运输机等多种机型空运或吊运，结束了一般直升机只能吊运口径 105 毫米以下火炮的历史。火炮的机动性能完全满足美军全球应急机动作战的需要。

M777 身管长度为 39 倍径，与 M198 型 155 毫米榴弹炮相同，弹道特性相近。炮口初速为 827 米/秒，发射普通炮弹射程为 24.7 千米，发射火箭助推炮弹射程可超过 30 千米。最高射速 5 发/分钟，持续射速 2 发/分钟。M777 能发射所有现役和研制中的 155 毫米炮弹。美军 M777 配置了 M982"神剑"GPS/惯性导航制导炮弹，最大射程达到 40 千米。"神剑"是一种发射后不用管的制导炮弹，被 M777 发射出去后，在空中使用全球定位系统确定攻击目标位置，然后利用自身控制系统来调整精确度，直到打中目标，命中精度达到 10 米以内。M777 完全满足未来美军战场上所有火力要求。

M777 与"帕拉丁"火炮一样，使用激光陀螺仪进行定位，并用全球定位系统（GPS）进行辅助定位，它的火控系统由通用动力公司武

美国M777超轻型155毫米榴弹炮

器系统分部研制，可使M777进行快速和高精度射击。2000年开始，美国陆军和海军陆战队的M777开始改进数字化能力，在火炮上安装先进的牵引火炮数字化火控系统，比传统火炮作战能力有了极大的提升，行军战斗转换时间大大减少；作战时将有更高的自主权力和打击力；装备和人员将有更高的生存能力。数字化火控系统包括弹道计算机的任务管理系统、炮长显示器、炮手和辅助炮手显示器、定位/导航系统、高频无线电台和电源装置。配有先进的牵引火炮数字化火控系统的M777被定名为M777A1，它可以与"阿法兹"炮兵火控系统进行数字化集成，为陆军和海军陆战队提供联合网格化的火力。美军又在M777A1基础上通过增强软件功能发展而成M777A2火炮系统，从而形成了M777轻型榴弹炮系列。

美军已装备数量可观的M777，取代了海军陆战队和陆军轻型快速部队现役的M198型榴弹炮，待M777全面列装以后美军将淘汰所有其他口径的身管火炮，只装备155毫米口径的自行榴弹炮与牵引式榴弹炮，从而实现配弹规格统一，简化后勤保障。这体现了世界火炮发展的潮流与趋势。BAE系统公司对M777的发展仍在继续，考虑在原型基础上发展成一个轻型牵引榴弹炮系列。其中，身管倍径26～30缩小型，全重3吨，用于直接支援；身管45或52倍径，重4.5吨，用于一般火力支援。

M777超轻型榴弹炮是重型火炮轻量化道路的开拓者，是155毫米轻型榴弹炮典范之作，是国际标准和全球合作的硕果。

弹炮合一的"铠甲"-S1

战术导弹与火炮组合一体的武器系统简称"弹炮合一"。"铠甲"就是由防空导弹和高射炮组合而成的防空武器系统。在弹炮合一系统中,导弹射程相对较远,能实现有效飞行,命中率较高,但发射初速低,而后还要有数百米的加速段,此时无法拦截高速目标;自动化小口径高射炮初速高、反应速度快、火力持续性好,但射程有限。两种武器配合使用,能优势互补,从而提高了全空域的防空能力。

20世纪90年代初,苏联防空军委托图拉仪器制造设计局开始研制"铠甲"-S1弹炮合一防空系统,主要用于保护军事基地、机场、交通枢纽和通信设施等战略目标,掩护S-300远程防空导弹系统,反击敌人在近距离接近区域的空中攻击。"铠甲"最初是在苏军现役的"通古斯卡"弹炮合一防空系统基础上研制而成的,但是未使用原来的履带式底盘,而是使用

俄罗斯"铠甲"S1弹炮合一防空系统

高机动性的"乌拉尔"-5323型轮式卡车，装配191千瓦的卡马兹发动机。当时使用汽车底盘的目的是降低造价，因为"铠甲"-S1系统主要用于后方目标防空，而不是用于陆军部队的野战防空，在原型系统交付陆军试用后才考虑研制军兵种间通用型武器系统。

1994年，图拉仪器制造设计局生产出"铠甲"系统样品，在通过试验后，于1995年8月在莫斯科国际航空展上初次亮相。战车顶部战斗模块包括2套导弹发射装置（各配6枚防空导弹），2门30毫米自动火炮，目标搜索雷达、目标跟踪和导弹瞄准雷达。"铠甲"装备的12枚防空导弹射程12千米，能同时瞄准攻击3个目标。2门2A7 Ⅱ型30毫米自动高射炮使用两个弹药输送带，有选择性地供应破甲弹和爆炸杀伤燃烧弹。"铠甲"新颖独特的设计，立刻引起世界关注，成为航展上的明星。但出乎人们意料，莫斯科航展后不久，有报道称"铠甲"运动战能力较差，无法做到在运动中开火。俄罗斯国防部一个专门委员会和相关科研所专家认为："铠甲"不能完成既定任务，无法攻击12千米外的高速武器，在俄军整体采购预算大幅减少的大背景下，防空军和陆军很快就失去了对"铠甲"的兴趣。

90年代末，由于世界形势的某些变化，"铠甲"再次受到人们关注，迎来了新的发展机遇。阿联酋表示有意向采购，但要求大幅提升武器系统的性能。这促使俄罗斯企业制造出新型系统，使"铠甲"脱胎换骨。在"铠甲"新的战斗模块中，装备2A38M新型速射火炮，弹药基数增加到1400发，初速960米/秒。

最大射程4000米，最高射速1250发/分钟。"铠甲"装备了12枚新型防空导弹，该型导弹战斗部重20千克，可控飞行20千米，最高速度达1300米/秒，并安装了新型的目标搜索和火控雷达。2000年，图拉仪器制造设计局与阿联酋签署价值7.34亿美元的合同，向阿联酋出口50套"铠甲"-S1防空系统，其中26套要求采用履带底盘。图拉仪器制造设计局克服了各种困难，研制工作整体进展顺利，但在生产跟踪雷达和导弹瞄准雷达上遇到困难，因分包商的新型双频雷达研制进程缓慢，而且技术上未能达到客户提出的一系列要求，研制工作陷入僵局。实力雄厚的图拉仪器制造设计局决定自主研制新型的多功能相控阵火控雷达。

有志者事竟成，2006年，图拉仪器制造设计局研制成功了多功能相控阵目标截获雷达。由于安装了新型相控阵雷达、光电跟踪系统和热成像装置，"铠甲"-S1系统对目标的捕获和跟踪能力大大提高。全系统在电子对抗条件下稳定性大幅提高，发现目标距离达到34～36千米，跟踪目标距离达到24～30千米，战斗反映时间为5～6秒。2006年夏，"铠甲"系统靶场导弹试射成功，研制又向前迈出一步。此时又应阿联酋要求，将原定所有系统全部采用8×8轮式平台，合同被延期，改装继续进行。但大部分问题已被解决，研制进入快车道，最终"铠甲"弹炮合一防空系统在阿联酋的"帮助"下，走出困境，获得成功。通过国家试验后，俄军开始列装"铠甲"-S1防空系统，第一批于2010年交付空军，并在以后陆续装备空军防空部队。陆军则计划列装履带式"铠甲"系统,为坦克部队和装甲步兵提供防空保障。

"铠甲"-S1系统弹炮合一的全新结构是世界上独一无二的,大量信息技术的应用,使武器系统高度自动化,战场反应极为迅速,萨姆-22防空导弹和30毫米速射高射炮的组合能打击射程内全纵深的空中目标,实现了20千米内无拦截死角。各发射系统独立俯仰,机动灵活。先进的火控系统采用了自动模式,能根据情况自动选择使用导弹还是火炮击毁目标。"铠甲"-S1装备的"双面神"双波段相控阵雷达,搜索半径达24千米,能同时跟踪20个目标,并能自动识别3个威胁最大的目标。武器系统可以在静止时或行进中开火,同时攻击4个目标,除打击巡航导弹、反雷达导弹、飞机和无人机外,还可以打击地面、水面轻型装甲目标。"铠甲"-S1在各作战单元里配备了

俄罗斯"铠甲"S1弹炮合一防空系统

数据链，它可以连接多个"铠甲"-S1 系统形成作战网络。这种网络体系的作战方式，可以共同为装备的萨姆-22 导弹提供网络化的多元制导，还可以使整个作战网络内所有"铠甲"-S1 作战单元实现战场信息的实时共享。由此可见，"铠甲"-S1 具有网络化作战能力。

"铠甲"-S1 现已走向防空武器的国际市场，尤其近年来在局部战场上取得了打击无人机的赫赫战果，使其影响力在不断地扩大，每套 1500 万美元的价格被采购者所接受。"铠甲"-S1 及升级后的"铠甲"-S2 是弹炮合一综合性能良好的防空武器，它在俄军的防空体系中发挥着重要作用，它是俄罗斯军工企业不懈努力的结果，是信息化技术在武器系统中应用的一面旗帜。

自行火炮新任扛把子——"联盟"-SV

2015年5月9日,在俄罗斯纪念卫国战争胜利70周年阅兵式上,俄罗斯新一代"联盟"-SV自行火炮,成为阅兵式上的焦点,人们惊奇地发现,俄军自行火炮20多年落后西方已成为历史。这段追赶之路是漫长而艰辛的,俄军上一代自行火炮2S19就是俄罗斯人追赶的起点。

2S19"姆斯塔"自行榴弹炮的研制始于20世纪70年代,于1989年装备部队。该炮采用新型的T80坦克底盘,主炮是152毫米59倍径榴弹炮。该炮装填自动化程度较高,装填系统可以自动从弹丸储存架内搜寻所需弹种,自动装填弹丸,药筒半自动装填。火炮的爆发射速可达到8发/分钟,能实现4发同时弹着。2S19自行火炮除发射普通榴弹和反坦克子母弹外,还可以发射"红土地"激光半主动末制导炮弹。"红土地"弹重50千克,射程22千米,命中率可达90%。以上各项数据表明,2S19自行火炮基本性能相当优秀,是当时世界上射速最高的火炮之一。

2S19存在的主要问题在于射程在30千米左右,低于西方各国155毫米火炮。造成这种身管长、射程短的主要原因是苏联在金属冶炼加工领域的徘徊不前,致使火炮身管承受的膛压较小,炮弹初速不足。2S19自行火炮的另一个弱项就是缺少自动火控系统和自动定位、定向系统,独立作战能力差,信息化程度不及西方各国的同类产品。20世纪90年代,北约各国制定了新的标准，将155毫米榴弹炮的射程定为30千米以上，使自行火炮发展加快了步伐。俄罗斯为了摆脱自行火炮性能落后于西方的局面，开始着手研制2S19的改进型。但由于当时俄罗斯的国民经济状况恶化，国防工业系统陷入困境，导致2S19的升级改型计划落空。俄罗斯自行火炮的综合性能仍落后于西方，而且这种差距有扩大的趋势。

21世纪初，俄罗斯重新制定了未来自行火炮的研制规划，将高度信息化和自动化新型自行火炮作为研制目标。2002年，俄罗斯"海燕"中央科学研究所设计出"联盟"152毫米双管自行火炮。火炮样机试验结果证明了结构方案正确可行。因此俄军决定在乌拉尔车辆厂进行生产，用以取代2S19自行火炮。新型火炮暂时采用T-80坦克底盘作为过渡，在主炮塔上安装有上下两根并列的152毫米炮管，这两根炮管相互配合工作，一根炮管开火后，另一根炮管也会自动装填完毕，进入待发射状态，这样就可以进行循环射击，实现不间断的火力输出，射速可以达到20发/分钟。

"联盟"双管自行火炮采用遥控式全自动装填弹药，自动装弹机先装弹丸，再装入发射药。自行火炮携带炮弹50发，外部弹药补充有专用装甲运输车保障。除双管自行火炮方案外，还生产了单管152毫米自行火炮方案的样机，技术水平与双管方案在同一层次。根据全面对比分析，单管方案拥有更高的可靠性，更好的工艺性和更低的价格。俄罗斯最后决定放弃双管方案，但将大量技术成果予以保留，应用于2006年启动的"联盟"-SV设计研制工作。

2011年,"联盟"-SV设计完成。2013年,乌拉尔车辆厂生产了首批2辆"联盟"-SV样车,并开始进行全面测试。2014年底,俄罗斯国防部收到了乌拉尔车辆厂交付的10辆"联盟"-SV。火炮全称2S35"联盟"-SV自行榴弹炮。正是这10辆"联盟"-SV,在2015年参加了俄罗斯纪念卫国战争胜利70周年阅兵式。

"联盟"-SV是新型自动化火炮系统。火炮的射击组织、射击诸元计算、火炮瞄准和弹药装填等一系列过程,均在全自动工况下完成。"联盟"-SV采用T-90主战坦克底盘,配用735千瓦的柴油发动机,使火炮最高公路行驶速度达60千米/小时,最大公路行程达500千米,爬坡31°、涉水1.2米、越壕宽度2.8米,良好的战术机动性确保火炮能与装甲部队共同行动,为其提供火力支援。

"联盟"-SV战斗全重55吨,分为驾驶舱、动力传动舱和战斗舱。乘员全部在驾驶舱,采用无人炮塔,所有武器均可遥控,射击操作全自动化,只需3名乘员便可操控全车。在车内完全无乘员的情况下,可以外部

俄罗斯"联盟"-SV自行火炮

遥控操作执行战斗任务。驾驶舱为装甲密封舱，以提高乘员的战场生存能力。在驾驶舱上方为每个乘员设有专用舱门，供其上下车，并在车体下部设有应急舱门。

"联盟"-SV自行火炮火控系统和战场观测系统为自动化模式操作，自动化火控系统包括车载弹道计算机、导航和定位系统、一套同外部指挥控制系统相连的无线数据链/语音通信系统，这些设备能够使"联盟"-SV通过野战炮兵数据系统同其他目标探测系统和武器系统建立密切的联系，从而实现战场信息资源实时共享，使该炮的自主作战能力、反应能力和综合作战效能大大提高。

车长和炮长工作台都配备远程火控系统和多功能液晶显示屏，显示屏可显示作战所需全部信息。此外，还配备有卫星导航、地形测量和加密数据传输系统，并整体接入战术层级的自动化指挥系统。由于大量先进技术的应用，"联盟"-SV自行火炮在任务期间，能自动展开和转移，行军和战斗转换时间在30秒内即可完成，由战斗转入行军也同样是在30秒内。"联盟"-SV自行火炮几乎成为一部机器人武器，不论白天黑夜，都能在60秒内独立完成以下程序：受领射击任务、解脱炮身行军固定器、计算射击诸元、赋予火炮射向、瞄准目标、开火射击并首发命中目标。"联盟"-SV的战斗舱布置在车体中部炮塔内。无人炮塔可做360°旋转。炮塔上装有1门152毫米的2A88榴弹炮，配有火炮瞄准装置、炮塔驱动装置、车载弹药装填及装载系统、光电抑制系统、全套车载射击校准装置、辅助动力装置。炮塔顶端中部装有一挺 12.7 毫米遥控机枪作为自卫武器，炮塔两侧及顶部还配有烟幕弹发射器。

"联盟"-SV 152 毫米榴弹炮最大射程 50 千米，如果采用俄罗斯应用科学研究所研制的增程炮弹，射程可达 70 千米。该炮还具有先后发射多发炮弹同时命中一个目标的能力。携弹 70 发，弹药补充完全自动化，炮塔后部的弹药装载系统与专用火炮供弹车相互配合，为弹药舱补弹，补充一个基数的弹药只需十几分钟。装填也是全自动化，模块化发射药利用微波系统点火，先进可靠。外廓尺寸及质量特性使其能够用伊尔-76 和安-24 型军用运输机空运，以满足战略部署的需求。

自 2S19 型自行火炮开始，俄罗斯陆军师级压制火力落后西方长达 20 多年，直至"联盟"-SV 的出现才告结束。"联盟"-SV 的横空出世，标志着俄罗斯站在了世界自行火炮技术的顶峰，同时也掀开了俄罗斯自行火炮发展的新篇章。

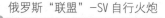

俄罗斯"联盟"-SV 自行火炮

空中霹雳

安装在军用飞机上的航空机炮，简称航炮或机炮。口径在 20～35 毫米之间，射程约 2000 米，主要用于空战和对地攻击。根据飞机的结构特点和作战需求，航炮设计上具有体积小、重量轻、射速快、弹丸初速高和威力大的特点。

1916 年，法国首先在飞机上安装了世界上第一门航炮。一直到第二次世界大战结束，航炮都是军用飞机的主要战斗武器。从 20 世纪 50 年代后期起，由于导弹的出现和不断发展，航炮逐渐变成军用飞机空战和对地攻击的辅助武器，但它的性能也在不断提高，以适应现代化的战场环境。

"空中坦克"及其机炮

在经过两次世界大战间近 20 年的"冰河期"后，各国对航空机炮的热情随着二战的爆发而重新点燃。战争初期，德军装甲部队所向披靡，不可一世，遏制德军坦克攻势成为西线盟军作战的重点。在东方，虽然苏德战争尚未爆发，但德军坦克强大的突击力已引起苏军的高度重视，并着手反坦克武器开发与研制，在发展地面反坦克武器的同时，空中打击德军坦克的武器也在快速研发之中。

坦克的顶部装甲相对于炮塔和正面装甲来说，是最为薄弱的部分，军事专家和武器专家普遍认为，若使用对地攻击机配置专用反坦克机炮，定会收到理想的打击效果，因为轰炸机对于运动中的坦克不易实现精确攻击。在苏德战争爆发前夕，苏联中央设计局的著名设计师伊柳辛，设法说服了苏共政治局，使他们相信，苏联需要有厚重装甲的现代化对地攻击机。随后，苏联第一种新型对地攻击机在 1939 年完成试飞，它就是著名的伊尔 -2 强击机，但之后两年多时间里，由于各种原因使得研制进程一波三折，直到 1941 年 3 月才开始定型生产。相对战争发展进程来说，伊尔 -2 的到来虽然稍晚一些，但却是关键时刻，伊尔 -2 开始披挂上阵，冲上战场。

伊尔 -2 采用 1264 千瓦液冷发动机，最高时速 414 千米，航程 720 千米。武器系统包括航空炸弹 600 千克，132 毫米火箭弹 8 枚（飞机型号不同携弹数会有所差异），两挺 7.62 毫米机枪，两门 23 毫米

苏联伊尔-2强击机

航空机炮。每门机炮配弹300发。1943年,第16特种设计局研制成功新型23毫米炮弹,使用1450毫米长炮管,弹丸初速达700米/秒,还研制了新型弹链,新的炮弹和弹链的重量比原有组合减轻了一半。伊尔-2的重要部位采用了装甲防护,能有效抵御轻型防空武器及炮弹碎片的攻击。

伊尔-2的横空出世之日,便成了德军地面部队噩梦开始之时。苏军伊尔-2机群,采用多批次轮番俯冲,使用航空炸弹、火箭弹、航空机炮等对德军地面部队实施组合拳式打击,德军损失惨重。尤其23毫米机炮在飞机超低空攻击时,直接命中率很高,打击部位恰好是装甲目标最薄弱的顶部,毁伤效果相当理想,非装甲目标和人员如遭打击更是在劫难逃。23

毫米机炮携弹数量较大，使其有很好的火力持续性，这对于敌军而言无疑是雪上加霜。随着战争不断发展，伊尔-2也在不断改进，飞机性能得到改善，武器系统更为强大，苏军攻击机部队的技战术也日趋成熟。随着制空权的逐步加强，伊尔-2的作战能力和战场生存能力大幅提高，在空中大显身手，高效猎杀德军坦克，德军将其称为"黑色死神"。

1943年夏季库尔斯克会战中，部分伊尔-2改装了威力更大的37毫米机炮。7月7日，苏军攻击机机群对正在突围的德军坦克集群进行了猛烈突击，20分钟就击毁了坦克70余辆，在对另一坦克集群的突击中，两个小时击毁敌坦克270余辆，为地面部队的进攻提供了巨大支援。到了1944年底，苏军大约有160个航空团装备伊尔-2，该机型是人类航空史上产量最大的飞机之一。战争期间，在斯大林的支持下，伊尔-2总产量达到了惊人的36136架。随着后继机型伊尔-10在1944年10月列装，伊尔-2才慢慢退出一线。

每一款战机都有着独到之处，而伊尔-2的特别之处在于，因坚硬的外壳和强悍的机炮，被人们誉为"空中坦克"，但人们更难以忘怀的是它在第二次世界大战中创造的奇迹与辉煌！

飞行炮艇——AC-130 重型攻击机

AC-130 重型攻击机由美国洛克希德公司研制，又称"飞行炮艇"，它以美军 C-130 运输机为基础改进而来。20 世纪中期，美军介入越南战争，越南战场环境复杂，多是山地丛林，水网密布，坦克和重型火炮机动能力受限。美军主要作战对象是越南游击队，他们主要的特点是数量众多，高度分散，战术灵活多变，但他们缺乏防护，缺少有效的防空武器。

打击这类目标，各种口径的枪炮最为有效且费用较为合理，美军需要一种火力强大、留空时间长的对地攻击机，但美军不能在短时间内研制出符合需要的新款攻击机，因此，对运输机加以改装达到作战要求便成为捷径。根据这一思路，美军很快将道格拉斯 C-47 运输机改装成 AC-47 "幽灵空中炮艇"，但武器系统仅是 3 挺 M134 重机枪，不能满足战场需求，仅是一次尝试。随后，美军开始着手将更大的运输机改装成攻击机。当时，美国空军的 C-130 大力神运输机便成了心仪之选，很快各种武器被搬上这款性能优良的运输机，在机门、机舱侧面加装机炮、机枪、搜索和瞄准装置，增加武器挂架，将它变成了飞行炮艇，定名为 AC-130 重型攻击机。

1968 年，AC-130 投入越南战场。AC-130 最大起飞重量近 70 吨，能携带大量武器弹药，最大航程达 4070 千米，有较长的留空时间，这两点保证了 AC-130 具有对地面目标持续打击的能力。AC-130 有

美国AC-130重型攻击机

12名机组人员，分别担负操控飞机和操作武器系统任务。从外观上看，AC-130很像一架运输机，但却是塞满火炮的空中炮台，在驾驶舱后侧壁上装有2门20毫米口径"火神"转膛速射炮，这种多管速射炮每分钟可发射7200发炮弹，在战斗激烈时炮手们不得不用铁锹清除堆积如山的弹壳。AC-130还装备一门105毫米榴弹炮，该炮由陆军M105轻型榴弹炮改进而成，直接使用陆军105毫米高爆榴弹，弹重18千克，射速达12发/分钟，能以470米/秒的速度射向目标，爆炸后弹片杀伤力极大。飞机上存放着大量弹

美国AC-130重型攻击机

　　药，最多可达300发，这相当一个炮兵连的弹药量。40毫米的世界名牌博福斯机炮也被搬上了空中炮台，它是战舰防空炮的轻量化型号，但炮弹却完全相同，威力不减。此外，AC-130还携带了被称为"炸弹之王"的BLU-82真空炸弹，该弹重达6.8吨，外形又不规范，就连B-52战略轰炸机都无法投掷，只能由AC-130战机进行投放。

　　在战术上，AC-130重型攻击机可以围绕攻击目标做环绕飞行，集中火力连续不断地打击，由于飞机在倾斜转弯时各种火炮依然能够准确射击，这种攻击方式对于毫无防空能力的目标无疑是灭顶之灾。该机首先在越南战场投入使用，炸毁1万余辆军用车辆，无数次支援地面部队军事行动。此后，AC-130

战机改进的脚步从未停止，从最初版 AC-130A 型直到终极版 AC-130U 型，U 型机安装了 1 门新式 25 毫米口径的 GAU12 型机炮和最复杂的武器控制系统。AC-130 具有先进的传感系统、新型火力控制雷达系统和全球定位系统，并安装有红外预警接收器，AC-130U 型战机具有全天候飞行能力，可距目标 1200 米直接发起攻击。随着作战能力的不断提升，它的身影更加频繁地出现在世界各地的战场，在 1983 年格林纳达战场、1989 年巴拿马战场、1991 年海湾战争中，美军都出动了 AC-130 参战，取得许多战果。

AC-130 重型攻击机并非完美无缺，它面对的最大困扰是必须在己方拥有绝对制空权的空域作战，还要保证地面没有对方的防空武器，这就制约了战机的使用范围和需求数量。

美国"火神"

1861年,加特林以独特的构思发明了手动转管式机枪,但到了19世纪80至90年代,由于马克沁机枪的问世,加特林机枪被挤出了战争的舞台,加特林的理论也逐渐被人们淡忘,而在几十年后这个原理却重放异彩,人们利用它创造了自动武器的射速纪录。

1946年,美军决定重启被尘封了一段时间的加特林自动原理,开发一种每分钟可以发射6000发炮弹的高射速航炮,彻底改变航空机炮落后的局面。在这以前,美国海军已发展出一种新型加特林转管炮,用于装备小型鱼雷艇和炮艇,这种加特林转管炮实现了电力驱动,并保持加特林基本原理不变,将19世纪出现的人力驱动转管炮改头换面,这种火炮射速很高,但是受当时材料技术限制,炮管在高射速下磨损很快,寿命极短,未能投入使用。这个尝试虽然未获成功,但却进一步证明应用加特林自动原理,可以实现火炮的高速射击。之后,随着冶金技术和新材料的发展,加特林转管炮完全具备了研制生产的条件。

1946年6月,美国通用动力公司承担了军方的开发计划,将其命名为"火神"计划,"火神"便成为以后产品的名称。1953年,预生产型的M61型"火神"进行第一次试射,后来一架F104战斗机安装它进行了空中试射,试射中暴露出来一个重大问题,那就是火药废气无法顺利排出,四处蔓延,一度导致测试暂时终止。后经工程师们的不懈努力,为飞机设计了更好的排烟孔,这一问题才得以解决。从此,M61

型"火神"成为美军战斗机的制式武器,被安装在各种战斗机上,"火神"开始飞向蓝天。

M61全重约138千克,全长1829毫米,由炮管、驱动击发部分和供弹部分组成。炮管采用坚固的耐磨材料,耐高温、耐腐蚀、散热快。射击时从炮口方向看,6根炮管围绕共同轴心顺时针旋转。M61堪称空中快枪手,其射速可达6000～7000发/分钟,这意味着每0.01秒的时间就会有一发炮弹被发射出去,这种密集弹雨极大地提高了命中目标的概率和命中目标的炮弹数量。由于射速太快,射击时人们根本无法分辨出两次发射的间隔,听到的像是重型混凝土钻孔机的轰鸣声,M61之所以能达到如此高的射速,因为有6根可围绕公共轴旋转的炮管,在外力驱动旋转

美国M61型航炮

美国 M61 型航炮

时，每根炮管都处在不同的发射阶段，当炮管转到最高点时，膛内炮弹被击发，炮管旋转过高点后抛壳、装弹，在下一次转到高点再被击发，如此循环。6根炮管依次转动发射，就相当于6个单管机炮在进行发射，这就是加特林自动原理。

M61 在身管寿命上也占有先天优势。6根炮管旋转轮流发射，不断循环，平均分担发射总数量，每根炮管只发射了 1/6 的炮弹，所以其身管寿命自然是单管机炮的 6 倍。同时，极高的射速也带来一个问题，那就是短时间内要耗费大量弹药，为了维持一定的连续射击时间，弹药箱容量就必须加大。在 6000 发 / 分钟的高射速下，弹链成为最脆弱的一环，弹链在高速拉扯下，很容易变形、弯折甚至断裂，而导致航炮射击中断，为此，通用电气公司为M61研制了新型无链供弹的方式，巨大的桶状弹鼓便成了"火神"航炮的特征——炮弹呈螺旋状排列在弹鼓内，弹头朝向弹鼓中轴，供弹时炮管在液压马达驱动下加速到所需转速，供弹部分开始送弹，炮弹进入炮尾后，被自动装置推进弹膛，闭锁击发，全程流畅自如。

M61使用的弹药是M220、M246和M50系列的多种20毫米电发火炮弹。M61目前是世界上生产最多、装备量最大的航炮，它服役已超过半个世纪，因其火力密集、性能可靠，而被军方青睐，从第一架搭载它的F-104战斗机开始，F-105、F-106、F-111、F-4、F-15和F-16等战机全都搭载过M61。F-22猛禽重型战斗机也安装了轻量化版本的M61，为了保证飞机隐身能力不受影响，机炮被安装在飞机内部作为近距格斗利器使用。同时，将弹壳在机内回收，以防抛出的弹壳划伤机体上昂贵的隐身材料。M61的成功证明了一个半世纪以前的加特林原理奇妙无比，现代科学技术让人们把这个奇妙的原理发挥到淋漓尽致！

加斯特法则结出的硕果——
GSh-23L 型航炮

20世纪中期，随着航空工业的快速发展，军用飞机性能不断提高，预示着空战必将更加复杂激烈，这就对机载武器提出了更高要求。因此，航空机炮的发展受到格外关注。射速是航炮的关键性能指标，传统单管航炮射速慢而日渐落后，人们努力地探索着解决之道，作为军事大国的苏联自然参与其中，设计师最终将目光落到了自动原理的双管炮上。

这种自动原理早在1916年就由德国人卡尔·加斯特发明了，被称为加斯特法则。该法则的基本原理是——航炮的两根并列炮管用连杆机构连在一起，当一门炮发射时，其后坐力通过杠杆机构驱动另一门火炮完成退壳、装填。两根炮管协调配合交替射击。这样，当一门炮在退壳、装填时，另一门炮则在射击，如此循环往复地发射炮弹，使射击速度大大提高。

1955年，设计任务下达到苏联第61科学研究所，总设计师戈良杰夫和史普诺夫不辱使命，设计出23毫米AO-9型双管航炮。经反复改进，1958年年底，AO-9通过了地面试验，第二年通过了机载试验，并开始首批生产。之后研究人员又对AO-9进行了一次改进，将炮管寿命提高到4000发，火炮基本定型。但AO-9生不逢时，这段时间各国空军都热衷崇拜导弹万能理论，忽视了航炮的作用，以致AO-9虽设计成功但却迟迟未能装备部队。直到1965年，AO-9才正式列装,并被授予 GSh-23L 的型号,即"戈良杰夫－史普诺夫 23 毫米航空机炮"。

GSh-23L 射速 3000 发/分钟,完全满足空战或对地攻击需求。该炮结构简单紧凑、可靠性高,重量只有 50 千克,这一点对于空中武器来说意义重大。航炮的工作环境特殊,在飞行中火炮由飞行员遥控操作,战斗中如遇哑弹,根本无法手工排除,这就会导致加斯特原理机炮射击中断。GSh-23L 的设计者们解决了这一难题,他们在航炮两根炮管之间设计了一个燃气弹室,放入 3 枚无弹头的燃气弹,一发用于首次发射,另两发用于排除哑弹故障。当遇到哑弹时,飞行员便可操纵电击发开关触发燃气弹,推动炮管内机

苏联GSh-23L型航炮

件运动，抛出哑弹，重新启动航炮射击。该方法独具匠心，简单有效。

GSh-23L 安装不受限制，可根据需要安装在武装直升机和各种战斗机上。GSh-23L 装备在苏军多种飞机上作为固定武器，米格-23 战斗机、后期型米格-21 战斗机都安装了 GSh-23L。除战斗机外，雅克-28 前线轰炸机也安装有 1 门 GSh-23L。同时，早期的轰炸机、运输机等大型飞机都装有旋转炮塔，GSh-23L 也会被安装在旋转炮塔上，作为自卫武器使用。图-22M 逆火轰炸机的尾炮塔上就装有两门 GSh-23L，每炮备弹 600 发。米-24VP 和米-35 武装直升机在机鼻炮塔上也装有 1 门 GSh-23L，备弹 470 发。除作为固定武器外，苏联还有多种外挂式 GSh-23L 型航炮吊舱，作为一些无固定航炮战机的扩展性选择。例如，米格-21PFM 战斗机机腹下就装有 GP-9 型吊舱，可挂载 1 门 GSh-23L，配弹 250 发；海军舰载航空兵的雅克-38 垂直起降飞机也可使用 GP-9 吊舱外挂 GSh-23L。另一种被广泛应用的是 UPK-23-250 型吊舱，可由米格-23 战斗机、米格-27 战斗轰炸机和米-24 武装直升机挂在机翼挂架上，主要用于对地攻击。最具创意的当属 SPPU-22 型吊舱，该吊舱可以使 GSh-23L 型航炮有 30°俯角，该吊舱的电控系统与战机火控计算机和光电瞄准具交联，在战机飞过目标上空时，SPPU-22 吊舱可一边射击一边增大 GSh-23L 型航炮俯角，使弹着点一直在目标上，这样，战机不必做大角度俯冲即可扫射目标。

GSh-23L 型航炮使用多种弹药，主要有：杀伤燃烧弹，弹头重 175 克，初速 700 米/秒；杀伤燃烧曳光弹，初速 710 米/秒；穿甲燃烧弹，实心弹头上风帽中含有少量燃烧剂；穿甲爆破弹。各种炮弹按规定涂有不同的颜色标记，以便区分。GSh-23L 型航炮随着各种战机出现在世界各地战场，从非洲的埃塞俄比亚到南美的尼加拉瓜，从山地崎岖的阿富汗到沙漠连片的中东地区都留下了 23 毫米炮弹的痕迹。尤其在 1989 年 2 月，埃塞俄比亚冲突中，两架米-35 武装直升机使用 GSh-23L 型航炮，一次战斗就击毁叛军 8 辆坦克，战绩令人信服。

GSh-23L 型航炮优异的性能获得了信任，出色的战绩得到了赞许。其派生火炮不断出现，著名的 2A-38 型双管高射炮、GSh-30 型双管航炮都与它有着密切的血缘关系，加斯特的理论硕果累累。

苏联 GSh-23L 型航炮

海上火龙

  舰炮是一种以水面舰艇为载体的火炮,舰炮自问世起直到第二次世界大战前,都是海军舰艇的主要作战武器。随着舰船工业和火炮技术的发展,大炮巨舰成为各国海军追求的目标,也成为海上强国的重要标志。老牌帝国主义国家曾经凭借船坚炮利横行大洋,疯狂进行殖民统治。

  第二次世界大战中,航空母舰成为新的海上霸主,二战之后导弹的迅速崛起宣告大炮巨舰时代终结,大口径舰炮在人们的视线中逐渐消失。而新型高度自动化小口径速射近防炮系统得到快速发展,成为舰艇拦截反舰导弹、打击来袭低空和水面快速目标的有效武器。

巨舰大炮的巅峰对决——日德兰海战

第一次世界大战爆发后，德国把赢得战争胜利的希望寄托在陆军的军事实力上，海军则采取灵活的战术，对协约国海上运输船只进行袭击。战争持续1年多，特别是凡尔登战役使德军陷入持久作战的困境，企图在陆上快速结束战争的梦想成为泡影。巨大的战争消耗迫使德国统帅部不得不调整战略方针，将重心转向海上，企图寻机与英国海军进行决战，打破英国海军对德国的海上封锁，保障战略资源的海上运输通道畅通，以扭转战争的被动局面。

1916年5月，德国公海舰队司令谢尔命令希珀指挥战列巡洋舰分队佯动，地点在日德兰半岛以西的斯卡格拉克海峡，企图诱使英国海军编队出海作战，然后以公海舰队主力将其歼灭。但电报被英国海军截获，英国海军舰队司令杰利科率舰队前往迎击，企图将其歼灭，以夺取波罗的海的制海权。两个军事强国的巨舰大炮即将上演一场空前绝后的搏杀。

英国海军有151艘军舰参战，其中包括28艘战列舰、9艘战列巡洋舰、34艘巡洋舰、78艘驱逐舰以及其他舰只。德国海军参战军舰110艘，其中包括22艘战列舰、5艘战列巡洋舰、11艘巡洋舰和72艘驱逐舰。日德兰海战分为三个阶段。

第一阶段是双方的前卫舰队交战。5月31日14时许，双方的前卫舰队在斯卡格拉克海峡附近的海域遭遇，英国海军前卫舰队由4艘战列舰和6艘战列巡洋舰组成，德国海军前卫舰队有5艘战列舰。15时

48分双方开始交战，英战列巡洋舰"不倦"号和"玛丽王后"号被击沉，"狮"号受伤，德舰损失轻微。一小时后，德国海军公海舰队主力在司令谢尔率领下赶到，英军前卫舰队北撤，准备与舰队主力会合。

第二阶段是双方主力舰队的战斗。谢尔在不明英国海军舰队主力出海的情况下，率德舰队追击英前卫舰队以扩大战果。18时许，英前卫舰队摆脱德舰追击，顺利与主力舰队会合。英舰队司令杰利科判明德舰队位置后，命令舰队主力成单纵队向东南方向航行，以迂回德国舰队。在队形变换尚未完成时，英舰即同德舰交火，经异常激烈的炮战，英舰"防御"号和"无敌"号中弹沉没，德舰"吕佐夫"号也被击沉，双方各有数艘舰只受损。谢尔判明英国海军主力投入战斗后，决定撤出战斗。18时36分，德舰队同时转向，向西南方向撤退。杰利科因担心受到潜艇鱼雷的攻击，没有下令追击，而是改向南行驶，企图切断德舰队向基地返航的退路。19时许，德舰队再次同时转向，企图从英舰队尾向东突围，结果进入英舰队中央，遭到对方猛烈炮击，数舰受创。19时13分，德舰队第三次同时转向，向西而后向南撤退，并以驱逐舰向英舰实施鱼雷攻击。英舰队为免遭鱼雷攻击，于19时21分改向东南航行，从而丧失了重创德舰的良机。

第三阶段是夜间战斗。21时许，英舰队向南航行。谢尔为突破英舰队拦截，以主力舰为前卫，改向东南冲向英国舰队。22时至次日凌晨2时，双方在夜间多次交战，英舰损失5艘，德舰损失2艘。杰利科在夜间一直无法判明德舰的位置和航向，直到 5 时 40 分才获悉德舰队已摆脱拦截，因担心遭德国潜艇袭击和触雷，最终放弃追击德舰的计划而返航。中午，德舰队驶回亚德湾，日德兰海战结束。

在日德兰海战中，双方参战舰艇 260 余艘，其中 50 艘大型战列舰是作战双方的主力，舰上装有多门大口径和中口径舰炮。在海战中双方舰炮共发射了上万发炮弹。据统计，德国公海舰队共发射大口径炮弹

日德兰海战

3597发，命中弹120发，平均命中率3.3%；英国战列舰共发射大口径炮弹4598发，平均命中率2.17%。此战英国舰队共损失3艘战列巡洋舰、3艘轻巡洋舰和8艘驱逐舰，战斗吨位11.5万吨，伤亡6945人；德国舰队共损失1艘老式战列舰、4艘轻巡洋舰和5艘驱逐舰，战斗吨位6.1万吨，伤亡3058人，英德损失近2∶1。

就舰炮技术而言，德国海军占有优势，德国舰炮发射的穿甲弹采用延时爆炸引信，在弹丸穿透船体后在内部爆炸，破坏力很大，而英军舰炮发射的弹丸往往是碰上甲板即炸，对舰船结构破坏力较小。德国海军对舰炮的储弹室和送弹机进行了封闭改装，海战中炮塔内部中弹不会引起进一步爆炸，这项措施挽救了很多军舰。而英国海军却没有重视这个问题，至少有3艘战列巡洋舰由于炮塔被击穿后引起储存弹药的一系列爆炸，而造成了严重炸裂。另外，德国舰队的信号技术、测距设备和夜战设备也领先于英国海军，对海战效果有一定程度的影响。海战结束后，交战双方都宣称自己是胜利者，致使这次海战胜负结果成为一时争论的热点。

就战术层面而言，德国的确是日德兰海战的胜利者。德国舰队在与英国主力舰队作战中在火炮命中率、海战成果、伤亡人数比例等方面均占优势，重创了英国舰队，最终谢尔凭借准确的判断和优秀的航海技术，成功摆脱占绝对优势的英舰队追击，顺利返港。

然而就战略上而言，德国海军并没能打破英国舰队的海上封锁，全球海洋仍然在英国控制之下，公海舰队被困在港内毫无作用。美国《纽约时报》的评论非常形象，"德国舰队攻击了它的牢狱看守，但是仍然被关在牢中"。

日德兰海战是第一次世界大战中最大规模的海战，是世界最强海军舰队主力的决战。此时恰逢巨舰大炮的鼎盛时代，日德兰海战因此成为巨舰大炮的巅峰对决，也是战列舰时代最后一次舰队决战。此后，各海上强国开始加强争夺制海权的新型作战力量建设，并探索新的作战方式，20多年后的第二次世界大战中，航空母舰和潜艇的兴起正是这一探索的产物。从这个意义上说，日德兰海战结束了海战史上巨舰大炮的黄金时代，同时揭开了海战史新的篇章。

无冕之王——美国 MK7 型舰炮

20 世纪 30 年代后期，随着《华盛顿海军条约》到期，脱离束缚的德、意、日三国开始疯狂扩充军备，建造大型军舰。美军为确保海军力量的优势，决定建造新型战列舰，并付诸行动。凭借强大的工业生产能力和世界领先的科学技术水平，4 艘"依阿华"级战列舰在 1943 年 3 月至 1944 年 6 月陆续加入美国海军太平洋舰队。按照美国海军的惯例，战列舰一般以美国的州名来命名，它们分别被命名为"依阿华"号、"新泽西"号、"密苏里"号和"威斯康星"号。

"依阿华"级战列舰集各种先进技术于一身，整体性能在各国战列舰中出类拔萃，创造了舰体长度、主机功率和航速等多项战列舰世界纪录。该级战列舰标准排水量 44560 吨，满载排水量 57256 吨，动力系统为 4 台蒸汽轮机，四轴四桨推进，最高航速 33 节，续航能力为 20150 海里 /14 节。"依阿华"级战列舰可以说是一座漂浮在海上的巨型炮台，3 座三联装 MK7 型 406 毫米 50 倍径主炮，舰艏布置两座，舰艉布置一座。炮塔全部结构为 6 层，包括战斗室、旋转盘、动力室、上、下供弹室。炮塔旋转时，6 层一起转动。每座炮塔配备一台基线长度 13.5 米光学测距仪和计算机设备。每座炮塔储弹 216 发，输弹、装填完全自动化。同时，它还装备有 10 座双联装 127 毫米高射、平射两用炮，15～20 座四联装博福斯 40 毫米高射炮，厄利孔单管 20 毫米高射炮 60 门。此外，"依阿华"级战列舰上还配有 3 架水上侦察机，以扩大军舰对目标的搜索范围。

"依阿华"级战列舰的MK7型主炮制作十分精良,代表了当时舰炮技术的最高水平。MK7单门炮重121吨,三联装炮塔与火炮组合重量为1730吨。射速2发/分钟,发射高爆弹时炮口初速820米/秒,发射Mark8型重型穿甲弹时炮口初速为762米/秒。MK7最大射程42千米。虽然在口径上与日本"大和"号主炮460毫米相比位居第二,但MK7倍径大,初速高,射程与"大和"号主炮基本相同,炮弹威力也相差无几。MK7使用近1.2吨的重型穿甲弹,能在18千米距离上击穿500毫米厚的钢装甲,高爆弹杀伤半径可达300米,MK7弹药的巨大威力令人震惊。MK7还具有射速快、炮管寿命长的优势。MK7炮塔总重只是"大和"号主炮塔重量的3/4。这些都体现了美国在钢铁冶

美国MK7型舰炮

炼、机械制造、弹药技术方面占有较大优势。

"依阿华"级战列舰的先进作战指挥系统在当时独占鳌头。先进的雷达、指挥、火控和通信设施使军舰的整体作战能力大幅提升。尤其是 MK8 火控计算机十分先进，保证了火炮的反应速度和射击精度，MK7 主舰炮如同猛虎添翼。在第二次世界大战中，4 艘"依阿华"级战列舰驰骋在广阔的太平洋战场。舰上的 MK7 大显神威，其中："新泽西"号的 MK7 轰击过硫磺岛、冲绳岛；"依阿华"号的 MK7 参加过马绍尔海战、莱特湾海战；"威斯康星"号参与进攻日本的多次战役，它的 MK7 轰击过日本本土。最为荣耀的当属"密苏里"号，这艘以美国杜鲁门总统家乡名字命名的战列舰，在 1945 年 9 月 2 日，成为日本无条件投降签字仪式的地点。舰上威武雄壮的 MK7 也有幸成为这一历史时刻的见证者！在以后的半个世纪里，MK7 随着战列舰参加过朝鲜战争、越南战争和海湾战争。

美国"依阿华"号上MK7型舰炮开火

20 世纪末，"依阿华"级战列舰完成使命，这批世界上最后的大型战列舰开始陆续退役。2012 年 7 月 4 日，最后一艘"依阿华"号在洛杉矶成为浮动博物馆，标志着巨舰大炮的历史书写完最后一个篇章。幸运的是，四艘巨舰被人们作为浮动的博物馆，以另一种方式继续它们的生涯。MK7 舰炮笑到了最后，当"大和"号舰上的 460 毫米大炮葬身海底之时，MK7 由无冕之王成为真正的舰炮之王。

美国"海蛇"

导弹技术的快速发展和广泛应用,改变了水面舰艇武器系统的组合。但人们很快发现,舰炮的作用是导弹不能取代的,问题的关键在于舰炮的技术性能,能否满足现代战争的要求。

20世纪60年代,美国海军装备的小口径舰炮主要是厄利孔20毫米舰炮。该款火炮在打击威力和反应能力等方面已不适应未来需求,美国海军为使水面舰艇火力系统均衡发展,开始关注新型小口径舰炮的研发。70年代末,美国海军水面作战中心牵头开始研制一种25毫米舰炮,作为厄利孔20毫米舰炮的替代装备。这种新型舰炮被命名为MK38型"海蛇"25毫米舰炮系统。

该炮可以安装在大型水面舰艇、辅助船只上,对抗近距离的敌方小型快艇、蛙人、漂浮水雷等水面目标,还可以安装在小型巡逻艇上,对沿岸的敌方士兵、轻型装甲车辆等目标实施打击。

1980年8月,"海蛇"在一艘巡逻艇上试射成功。于是美国海军决定为该型舰炮研制专用炮座装备,并命名为MK88型炮座。1982年末,美国海军水面作战中心克兰分部开始设计并制造该型炮座,经过3年多水面试验,于1986年定型生产。至此,美国海军决定开始定购MK38-1型舰炮系统,用它取代各种舰艇上的20毫米舰炮。为了节约研制成本,提高系统可靠性,MK38-1型舰炮系统的主炮部分采用了北约制式的M-242型链式机炮。MK38型舰炮目前广泛应用于美国海军、海军陆战队以及一些北约国家的军队。

MK38 型舰炮是外能源链式机炮，利用炮座上的电源组件驱动电机，再由电机驱动自动机完成装填、发射、抽壳、供弹等一系列动作。舰炮发射时需人工操作，可半自动或全自动射击。炮口初速 1100 米/秒，射速 175 发/分钟，有效射程 2500 米，最大射程 6800 米，可摧毁轻型装甲车辆及低空飞行目标，身管寿命 25000 发。舰炮采用 MK88 型炮座，弹夹容量 175 发，在 4 分钟内可以完成再次装填。生产商可根据用户需求对 MK88 型炮座进行改进，如采用不锈钢材料，提供轻质凯夫拉装甲护板，安装激光瞄准具等。

20 世纪 90 年代，为进一步提高 MK38 型舰炮的作战能力，美国海军对其进行了改进，在原炮座上增加了炮位稳定装置，增加了火炮遥控操作模式，使舰炮的操作人员可以在安全区内进行射击，并为该炮加

美国 MK38 型 25 毫米舰炮

装了单色摄像机，这次改进后进行了小批量生产。

2000年10月，美国海军"科尔"号驱逐舰在也门遭受基地组织的自杀式袭击，一艘装满炸药的小型快艇靠近并爆炸，造成19名士兵死亡，39人受伤，舰体左舷被炸开一个直径12米的大洞。这一震惊世界的事件，使美国海军意识到人工操作的小口径舰炮在对抗小型快艇时，反应时间和射击精度都不能满足要求，随后海军高层开始规划对MK38型舰炮升级改造。2004年，美国海军授权BAE系统公司和以色列拉斐尔公司，开始研制MK38-2型舰炮，于2005年首次列装。

改进型采用了以色列"台风"武器系统炮座，该炮座带炮位稳定装置，射击方位角可在±15°～±165°间任意调节，俯仰角–20°～+40°。主炮仍采用M-242型链式机炮，但将之前的半自动/自动射击方式改为可调五档供选择。最高射速180发/分钟，可以发射全部美国制式25毫米炮弹，炮塔内备弹200发。供弹系统也进行了改进，性能更加稳定。在舰炮耳轴右后方装有一部4轴稳定的光电探测系统，该系统能相对炮座独立转动，转动方位角左右各165°，俯仰角–20°～+85°。这套探测系统包括一台微光电视摄像机、一部激光测距仪和一套前视红外系统，这些改进使火炮可在全天候下探测目标，射击精度也大大提高。

MK38-2型舰炮是一款性能可靠的武器系统，能独立探测，跟踪目标，并通过全自动、遥控或手动方式发动攻击。该系统可以安装于多种水上平台，小到

美国MK38型25毫米舰炮

排水量50吨的巡逻艇，大到美军现役的阿利·伯克级驱逐舰，再到排水量数万吨的两栖攻击舰。截至2012年9月，美国海军已装备了192套MK38-2型舰炮系统。

MK38型舰炮系统如同"海蛇"一般目光敏锐，反应迅速，出击凶猛准确，成为舰艇打击空中、水面的快速接近之敌的有力武器。

一代经典——MK45 型 127 毫米舰炮

20 世纪 60 年代，反舰导弹的出现，以及接踵而至的舰空导弹、巡航导弹等精确制导武器的广泛应用，使舰炮面临严峻的挑战。军界对于舰炮去留与改进的争论也日益激烈。通过对此后发生的一系列实战的总结与思考之后，人们的认识才趋于一致，舰炮的不可替代性得以确立。舰炮在武器系统中被重新定位，装备数量、口径和作战任务也发生了重大变化，美国为实现舰载武器系统最佳组合，决定研制新型的 127 毫米军舰主炮。

美国 FMC 公司于 1964 年在 MK42 型 127 毫米舰炮基础上开始研制 MK45 型 127 毫米舰炮。MK42 型舰炮 1953 年列装，是 54 倍径的防空反舰两用型舰炮。该炮比较笨重，重达 64 吨，自动化水平很低。因此，在设计 MK45 型时，工程技术人员把重点放在了减轻重量、提高自动化水平、减少操作人员这三个方面。研制成功的 MK45 型舰炮重量仅有 20 多吨，操作人员减少到 6 人。由于防空导弹已经装备到舰，军方对 MK45 的防空能力没有更高要求，所以该炮的射速稍弱于 MK42 型舰炮，但却使可靠性得到提升。

20 世纪 70 年代初，MK45 型 127 毫米舰炮正式服役。美国海军的"提康德罗加""加里福尼亚"级巡洋舰，"阿利·伯克""基德"级驱逐舰和"塔拉瓦"级两栖攻击舰等军舰均装备了 MK45 型舰炮。虽然 MK45 型舰炮在射程、精度方面明显不及导弹，但它具有连续射击能力和弹药投放量大的优点，能有效轰

美国 MK45 型 127 毫米舰炮

击海岸固定的防御目标，在两栖登陆作战中能为部队提供强有力的火力支援。

MK45 型舰炮结构简单，功能实用。各种改进型较多，炮塔重量也不尽相同，一般在 24.1～24.3 吨之间。炮塔旋转范围 340°，旋转速度 30°/ 秒。炮塔的俯仰角 –15°～+65°。舰炮最大射程 23 千米，最大射高 15 千米，射速 20 发 / 分钟，炮口初速 762 米 / 秒，炮管寿命 7000 发炮弹。

MK45 型舰炮改进的步伐从未停止。1977 年，美国 FMC 公司对舰炮进行了第一次改进，改进后的 MK45-1 型 127 毫米舰炮增加了选弹功能，能够发射爆破榴弹、激光制导炮弹等 6 种炮弹，弹头重量 31 千克左右，炮弹配用机械、电子红外等 7 种引信，有多种发射药供选择使用。MK45-1 型舰炮在执行任务时，可将上述炮弹、引信和发射药配成 6 种组合（1～6 号），通过舰炮控制台选择或更换。MK45 型舰炮的炮弹从甲板下面向上输送到炮塔，直到装填完毕，采取全自动化装弹方式。

20世纪80年代末，FMC公司对舰炮进行了第二次较大的技术改进。采用固态逻辑电路取代了延时逻辑电路，用封装式固态红外光电管取代了机械开关，内装了故障自检仪。改进完成后，MK45-2型舰炮日常维修非常简单，只需2人即可完成。MK45型舰炮环境适应能力较强，即使在海水掠过火炮装置、阵风速度达到85～113千米/小时的情况下仍能正常作战。MK45型舰炮工作十分可靠，平均无故障发射862发。

MK45型舰炮已成为美国海军大中型舰艇上的标

美国MK45型 127毫米舰炮

准装备。在近 40 年的服役期间，经历了多次改进，直到现代版的 MK45-4 型。MK45-4 型全自动舰炮系统是美国海军最新型的 127 毫米舰炮，能够担负支援反舰、对陆进攻和区域防空等作战任务。MK45-4 型舰炮于 2005 年开始在美国海军服役，并逐步替换 MK45-2 型舰炮。新型的 MK45 型舰炮为 62 倍径全自动舰炮，炮口初速 808 米 / 秒，增加了 127 毫米子母弹丸，海上火力支援范围提高到 39 千米。如果使用 127 毫米的增程制导弹药，射程可达 117 千米，具有超视距作战能力。MK45-4 型舰炮，作为一款能全天候昼夜执行战斗任务的武器，并未在发展的道路上停滞不前，设计者们继续对它注入各种新技术，使舰炮随着它的军舰在大海中越走越远。

近程防御明星——AK-630M 型舰炮

20 世纪中期，苏联海军决定生产一种新型近程防御舰炮，以应付海上和空中反舰导弹构成的威胁。著名的图拉仪器制造设计局承担了这项任务，1963 年开始研制 AK-630 近程防御舰炮系统。60 年代中期 AK-630 研制成功，并开始装备苏联海军，成为世界上最早的近程反导弹武器，用以取代 AK-230 型双管 30 毫米舰炮。

AK-630M 型舰炮是 AK-630 的改进型，被普遍使用。AK-630M 型舰炮系统主要作战任务是：拦截来袭的反舰导弹；打击水面、空中的小型目标；清除飘浮水雷。它由发射系统、供弹系统和炮塔等几大部分组成。发射系统由 AO-18 型自动机和 6 根 30 毫米炮管组成。炮口初速 900 米/秒，有效射击距离 4000 米，最大射程 8100 米。发射系统被安装在

AK-630M2 型舰炮

雷达、闭路电视导控的全自动密封式炮塔内。舰炮炮塔能以 70°/秒的速度进行 360° 回旋，俯仰射角 −12°～+88°。AK-630 型舰炮系统采用的 AO-18 型自动机转管炮技术性能良好，采用内能源（火药气体）驱动，与其他类型外能源驱动系统相比，它不需外部提供动力，极大减轻了舰艇供电的压力。它适装性较强，不仅能安装于大型舰艇，而且还适合小型船艇使用。AO-18 型转管炮质量轻，仅有 205 千克，而射速却能达到 5000 发/分钟，在同类转管炮中当属一流。它还采用了炮管外套筒循环淡水冷却系统，舰炮一次连射 400 发，间隔 30 秒后又可发射 400 发，确保了火力输出的持续性。这对于抗击多批次连续来袭的反舰导弹尤为重要。

AK-630M 型舰炮供弹系统结构简单，工作可靠，通过扇形弹链箱与柔性和刚性导引，能完全满足高速射击的供弹需求。它的弹箱储弹量大，主弹箱为 2000 发，备用弹箱为 1000 发。该炮在射击中如果需要补弹，也能在炮下的舱室直接进行，不会影响武器的射击，在弹药供应环节上确保了火力的持续。AK-630M 型舰炮的三防罩很有特色，罩内装有稀释装置，可以降低火药气体的浓度，以防有害气体超标造成意外。三防罩内还有气压控制装置，射击中，一旦压力超过规定值，罩后盖会自动开启缝隙向外排气，待气压正常后自行复位关盖。该炮使用杀伤燃烧弹和杀伤曳光弹两种弹药。AK-630M 型舰炮系统全重 1918 千克，采用内能源驱动炮管，大大提高了反应能力，火炮达到高射速只需 0.2 秒，这种反应速度使其他外能源驱动转管炮望尘莫及。随着导弹技术发展,导弹的飞行速度更高,反舰导弹在战术运用上也日趋多样化,舰载近防武器面临的挑战也更加严峻。苏联图拉仪器制造设计局于1975年对AK-630M型舰炮进行大手笔的改造升级,为其配备了8枚9M311型防空导弹,与舰炮组装在同一基座上,研制成功了"卡什坦"弹炮合一近程防御武器系统,用于对付新的空中威胁。该系统自90年代开始,陆续装备俄罗斯新型舰艇。例如,1991年服役的"库兹涅佐夫"号航母,1994年服役的"巴西斯蒂上将"号导弹驱逐舰等,均装有"卡什坦"系统。

弹炮结合使近防武器系统的发展进入一个新的阶段。"卡什坦"系统由指挥单元和战斗单元组成。指

AK-630M型舰炮

挥单元主要包括搜索雷达、计算机和显示控制台，主要任务是自动搜索目标、识别目标，进行目标的分配和指示。战斗单元包括制导雷达、跟踪雷达、光电系统和火控台，2组4联装舰空导弹和2组6管30毫米转管炮组成，它们装在同一转塔上，主要功能是接受目标指示，自动捕获和跟踪目标，控制导弹发射与制导，控制舰炮射击。同时，火炮部分也进行了升级，保留了AK-630M型转管炮的内能源驱动结构，改用了汽化水冷却炮管，改用了无弹链供弹，进一步提高了舰炮的可靠性，平均故障间隔达到4000发。此外，"卡什坦"系统还改善了炮塔跟踪性能。

"卡什坦"系统弹炮合一，对目标实施分段拦截，防空导弹拦截区段为8000～1500米，毁伤概率为0.8～0.9。2组6管转管炮发射速率可达10000发/分钟，对超声速导弹的拦截区段为1800～500米，毁伤概率为0.5。这种弹炮结合后，在8000～500米范围内构成重叠拦截火力，能够有效地反击来袭的高速目标。"卡什坦"系统可根据舰艇情况装备多组，以确保近防的作战效果。弹炮的完美结合打造出了全新的舰艇近防武器系统，成为战舰的可靠守护者。

暴雨犁花——密集阵

1960年，美国海军提出发展一种反应迅速的近防武器系统，以应对突破电子干扰和海麻雀导弹拦截的反舰导弹威胁。根据这一需求，通用动力公司很快提出了一种闭环火控近程防御系统概念。由于当时美国正陷入越南战争的泥潭里，消耗着大量资金和精力，政客们迟迟不肯为这个"科幻项目"注资，致使近防武器的需求者和研发者一筹莫展。

1967年10月，事情出现了转机。当时正值第三次中东战争后期。10月21日黄昏，埃及海军两艘75吨重的"蚊子"级导弹艇与以色列海军"埃拉特"号驱逐舰相遇，埃及导弹艇先后发射了4枚苏制P-15型"冥河"反舰导弹，500千克重导弹以300米/秒的速度飞向目标，将以军1718吨的驱逐舰送入地中海的海底。

"埃拉特"号事件震惊了整个以美国为首的西方

美国MK15型"火神"密集阵系统

海军。构建新型、高效反舰导弹拦截系统已成共识。作为拦截系统中最后一道防线的近防武器的研制，终于得到了"通行证"，驶入了"快速路"。通用动力公司在美国海军的支持下，开始项目的研制。1970年，首套系统打靶成功，证明了闭环火控理论的可行性。全套系统被命名为密集阵系统，正式进入研制试生产阶段，名称为MK15型"火神"密集阵系统。密集阵系统与以往的雷达与高射炮组合不同，它首次把大闭环火控原则用于武器系统，使火炮的射击精度提高了10倍以上，并具有连续修正、越打越准的能力。

传统的火控系统是开环火控系统。用雷达测量飞行目标的速度和航向，解算出提前量，指挥高射炮射击。但来袭目标往往采取各种规避动作，加之风速、风向等气象因素的瞬时变化，会使高射炮命中率极低。据统计，二战初期的不列颠空战中，英军高射炮要发射4200发炮弹才能击落一架敌机，射出的炮弹要命中目标还真得有点运气。

大闭环火控系统解决了这一难题，它与传统雷达高射炮系统的最大区别是：密集阵的速射炮开火后，火控雷达除了跟踪目标的运动轨迹之外，同时还跟踪接近目标的弹丸。通过对比计算机里的弹道数据表，就知道火炮射击中受各种影响产生的误差，并将其反馈到火控系统，得到实时修正，不断缩小这个误差。在射击中这个过程连续不断，从而使系统边打边调，火炮在微调中越打越准，直到命中摧毁目标。

通用动力公司对密集阵系统采用模块化设计，结构紧凑。全系统重量仅为5.5吨，无须破坏舰艇甲板即可安装。密集阵系统能够自动搜索、追踪目标，并对目标威胁程度进行评估，选择目标而后锁定、开火。密集阵系统反应迅速，从发现目标到开火时间约为 4.3 秒。美军的测试证明，在大多数情况下，密集阵系统打出 200 发炮弹，反舰导弹距离本舰 500 米处就被击毁。

密集阵系统的打击武器是 M61A1 型"火神"加特林 6 管机炮，火炮口径 20 毫米，有效射程 1800 米，最高射速 6600 发/分钟，但为确保机炮的可靠性，控制弹药消耗，人们将火炮射速调至 3000～4500 发/分钟。理论上密集阵系统完成一次打击需要 200 发炮弹，前 100 发命中率不高，只提供了火炮校正数据，而后 100 发越打越准，完成任务。以此为据，密集阵系统炮塔底部的弹药箱储弹 1000 发，供 5 次打击使用。后期发展型 Block 1，为了提高对超声速导弹拦截的成功率，将火炮射速调整到 5000 发/分钟，弹箱容量也相应增加到 1550 发。

"火神"机炮采用 MK149 型脱壳穿甲弹。炮弹重约 100 克，弹丸不装炸药，采用高硬度贫化铀制成实心弹，炮口初速达 1113 米/秒，采用高速飞行增大动能，直接命中方式，提高穿甲能力。它用摧毁坦克装甲的手段对付反舰导弹。在经过多次陆地、岛屿、海上试验后，1980 年，密集阵系统开始安装在美军"企业"号航空母舰等舰艇上，开始了它服役的生涯，同时也踏上了不断改进升级之路。

30 多年的服役生涯，使它不断成长进步，时至今日，密集阵系统已生产 800 多套，装备了美国海军几乎所有现役水面舰艇，并在 20 多个国家的海军中

美国MK15型"火神"密集阵系统

服役。深蓝的大海里随处可以见到密集阵系统身影。密集阵系统除了耀眼的光环，也同样给人们带来烦恼与困惑。首先，每套3500万美元的出厂价格令人望而却步。其次，高昂的维护费用也是一个考验。再次，使用费用更是惊人，有人做过统计，一次发射200发炮弹，就需2万美元。

密集阵系统并非人们所说的万无一失。1987年5月17日，美国海军"斯塔克"号护卫舰在波斯湾巡逻，遭遇伊拉克飞机发射的两枚飞鱼反舰导弹袭击，军舰曾一度企图用密集阵系统进行拦截，但未成功，使军舰中弹负伤。造成这一结果有诸多原因，密集阵系统独自担责也有失公允，更重要的是这次事件为密集阵系统今后的改进提供了经验教训。

另外，密集阵系统过于强调了反应速度和自动化程度，有时会产生擅自发起攻击和其他意外状况。从事物发展的客观规律看，反舰导弹与密集阵系统在相互竞争中得到发展。双方都没有放慢前进的脚步，反舰导弹追求的是更高的速度和突防能力，而密集阵系统要确保舰艇最后一道防线牢固可靠。这种竞争的结果尚无定论，只是会有暂时的领先与滞后。

被列入吉尼斯世界纪录大全的海岸炮

厦门南部的胡里山,古木参天,风景优美,这里有一座建于19世纪的炮台使它名扬四海。炮台因山得名——胡里山炮台。炮台中一门280毫米的德国克虏伯大炮被列入《吉尼斯世界纪录大全2000》。因为它是"世界上现在仍保存在原址上最古老最大的海岸炮"。

故事起源于19世纪鸦片战争期间,1841年,以石壁炮台为代表的厦门港要塞被英军舰炮摧毁,闽海国门顿时洞开。此后,东南防务问题进一步受到清政府关注。清末,洋务运动兴起,洋务派主张学习西方技术,引进武器,建立海军,加强海防。厦门地理位置十分重要,是我国东南沿海对外贸易的重要口岸,同时也是南北航线和东南亚航线的重要枢纽站。清廷于1874年拟在胡里山构筑新型现代炮台,但由于朝政腐败,国库空虚,此事历尽艰难,经历22年的周折,耗资近8.7万两白银,最终在石壁炮台的旧址上建成了胡里山炮台。

胡里山炮台总面积7万多平方米,城堡面积1.3万多平方米,分为战坪区、兵营区和后山区,内有暗道、护墙、兵房官厅和弹药库。山顶修有瞭望台。炮台结构为半地堡、半城垣式,采用花岗岩石条建造,并以乌樟树汁和石炭、糯米拌泥沙浆夯筑而成,异常坚固,整个建筑采用欧洲半地堡式结构和中国明清防御阵地的元素,形成了科学合理的防御体系,被历史上称为"八闽门户,天南锁钥"。

胡里山炮台

胡里山炮台位于厦门南端海岬突出部，战略位置十分重要，向东可支援白石头炮台，提前将敌舰拦截在厦门水道之外，正（南）面和对岸的屿仔尾炮台隔海相对，以交叉火力可以封锁厦门航道。炮台向北可用火力支援陆军营阵。胡里山炮台配备了当时最优秀的武器，核心装备是2尊大炮。该炮是德国克虏伯公司1893年生产的280毫米后装线膛炮。炮身重量（含瞄准仪）48110千克，由炮轮与轨道配合在炮台进行战术移动。全炮总重量为87吨。大炮射击距离7030～19760米。每分钟发射1～2发炮弹，可连续发射100发。大炮使用穿甲弹和开花爆破弹。大炮俯仰射角0～30°。大炮的价格和它的性能一样令人震惊，两门大炮出厂价为16万两白银，从德国运到闽江口费用为4万两白银，从闽江口搬上山上又用白银1万5千两。总费用21万5千两白银的天价巨炮终于登上胡里山，被安装在东、西两个炮台上，开始守护厦门。

1900年8月24日，日军制造了火灾，并以东本愿寺被焚为借口，公然派兵登陆厦门，妄图独占厦门。消息传到胡里山炮台，守台官兵立即将大炮对准日本领事馆和鼓浪屿海面上的日舰。日军慑于大炮威力和英、美、法等国的军事压力，于8月31日从厦门撤出登岸的陆战队士兵。

半个世纪之后的1957年，在这个特殊的年代，胡里山炮台的大炮经历了一次严峻的考验，厦门铁工厂初建，由于缺乏原料，就购买了这两门克虏伯大炮作为原料。在西炮拆完，正准备拆东炮时，消息传到市里，市委书记亲自出面制止，东炮才得以幸存，由此成为孤版。

如今厦门胡里山炮台成为国家级文物保护单位和重要的爱国主义教育基地。胡里山炮台静立的克虏伯大炮更是稀世的珍贵文物。

胡里山炮台

新世纪攀登新高峰

火炮技术经过几百年的发展，到了20世纪末期已具有相当高的水平。进入21世纪后，人们加快了火炮研究发展的步伐，大量应用前沿科学技术成果对现役火炮精雕细刻，不断提高火炮的综合性能，以适应新世纪战场需求。同时，人们着眼未来作战需要，突破火炮领域传统观念的束缚，用全新的思维对新概念火炮进行理论探索与大胆实践，努力攀登火炮技术的新高峰。

新型火箭炮——"海马斯"

"海马斯"是美国于 21 世纪初研制的一款自行火炮，正式名称为 M142 型高机动性多管火箭炮系统（HIMARS，译音海马斯），由美国洛克希德·马丁公司研制。"海马斯"为美国全球战略需求而生产，主要用于早期进入战场的应急部队以及轻型师、空降师的火力支援。

"海马斯"于 2002 年结束工程研制，有 3 套样炮编入美军第 18 空降军炮兵旅，并在伊拉克战场试验使用。洛克希德·马丁公司在 2003 年 4 月获得小批量生产合同并开始试生产。2004 年 11 月，"海马斯"成功地完成了大量战场试验，发射了所有类型的同口径火箭弹，并在作战环境中发射大量训练火箭弹。美军计划在 2005 年装备"海马斯"系统。伊拉克战争中，"海马斯"为轻型作战部队提供了强大的火力支援，成功地完成了各项任务，通过了伊拉克战场的复杂作战试验。2005 年 1 月，洛克希德·马丁公司获得一份价值 1 亿多美元的合同，继续进行"海马斯"生产，以满足美国陆军和海军陆战队的需求。2005 年 6 月，美军第 18 空降军第 27 野战炮兵营开始列装"海马斯"，成为第一个"海马斯"炮兵营。

"海马斯"具有高机动性能。它是 227 毫米 M270 重型火箭炮的轻量版，在总体结构上，它不同于 M270 火箭炮履带式底盘，而是采用 5 吨 6×6 战术卡车底盘，上面安装 1 组与 M270 通用的 6 联装发射箱或 1 个战术导弹发射箱。"海马斯"比 M270 型火箭

美国"海马斯"火箭炮

炮的发射箱减少一半,减重措施使"海马斯"战斗全重仅为10890千克,大约是M270火箭炮重量的1/2。这使"海马斯"可以用C-130中型运输机空运,具有较强的战略机动性。在战术机动性上,"海马斯"装有213千瓦的发动机,最高时速86千米,最大行程480千米,非常适合快速反应部队作战。在设计上具有很强的通用性,配用弹药通用性强,标配6管火箭发射箱,携带6枚火箭弹或携带1枚陆军战术导弹系统,能发射多种弹药。

"海马斯"的分系统互换性很强,它的火控系统和电子通信设备均可与"M270A1"发射平台通用。"海马斯"良好的通用性,除了方便火炮的生产制造外,还优化了火炮的使用管理和后勤保障。"海马斯"有快速战场反应能力,远程部署时,在运输机降落后,15分钟便可展开进入战斗状态。发射速度为1发/8秒,全部齐射时间25秒,发射完毕后能在敌人锁定前快速转移阵地。"海马斯"有自动化弹药补给系统，弹药重新装填时间为 5～8 分钟。

"海马斯"具有强大的火力打击能力，能为部队提供 24 小时全天候火力支援。它能发射目前和未来所有的火箭弹和导弹。其中包括：

①新型增程制导火箭弹（M31GMLRS）。这种火箭弹具有全天候精确打击能力，由洛克希德·马丁公司生产。长度 3.96 米，直径 229 毫米，弹头全重 88.9 千克。采用全球定位系统／惯性导航系统制导，并在火箭弹前端安装有小型鸭式翼，既提供了基本的飞行灵活性，又提高了系统精确度。GMLRS 是一种低成本的精确制导武器，主要用于对目标精确打击。它使"海马斯"为部队提供火力支援范围扩大至 70 千米。

②其他型号的火箭弹。无控飞行火箭弹，射程 32.5～45 千米，多数为子母弹战斗部，用来杀伤有生力量，摧毁建筑设施和装甲目标。

美国"海马斯"火箭炮

③ ATACMS 陆军战术导弹系统。ATACMS 是美军实施纵深打击战术，攻击敌区深处集群目标的远程炮兵武器。它有 3 种不同的战斗部：第一种是杀伤人员破坏器材的 M74 型子母弹，内装 275 枚小炸弹；第二种是反装甲用途的 BAT 子母弹，该弹内装 6 枚子弹药，配有红外寻的装置，可追踪打击运动的装甲车队；第三种是用来打击防御工事内敌人的单一高爆弹。ATACMS 导弹型号颇多，但都采用单级火箭推进，导弹直径 610 毫米，长度 4 米，射程大多在 300 千米。

"海马斯"是 21 世纪的新型火箭炮系统，体现了美军重型部队要轻一些、轻型部队要重一些的军事转型理念。"海马斯"的高机动性能和精确打击能力引领新世纪火炮发展潮流。

非瞄准线火炮——NLOS-C

非瞄准线火炮，也有翻译为非直瞄火炮，英文缩写 NLOS-C，是美国陆军未来战斗系统（FCS）中的一个子系统。21 世纪前后，在世界新军事变革风起潮涌的大背景下，美国陆军开始转型，从一支全世界固定性部署的军队转变成为一支全球性"力量投送型"军队。

为打造一支全新的信息化战略反应型地面部队，美国陆军把未来战斗系统（FCS）作为重点项目优先发展，为部队提供先进的核心装备。未来战斗系统庞大复杂，将信息技术和精确杀伤技术与现有强大火力相结合，由多种子系统组成，是多功能、网络化、轻型化和无人化的最新型武器系统。全系统分成有人操控系统和无人操控系统两大部分。

非瞄准线火炮是一种现代化的弹药远距离精确投放系统，能在人们视距外精确打击目标。它是一门 155 毫米的榴弹炮，被安装在无人化炮塔，操纵手在有装甲防护的驾驶舱内，遥控火炮全部作业内容。火炮采用能自动校正射击的闭环火控系统。这种火控系统能将各种传感器收集到的各种数据自动处理，锁定目标，自动赋予身管射向，由炮手摇控发射，快速精确地打击目标，从而省去了传统的光学瞄准系统，不再需炮手寻找目标进行瞄准操作，所以称它为非瞄准线火炮。高度自动化使自行火炮乘员仅为 2 人，火炮射速 6～8 发/分钟。非瞄准线火炮是美国陆军未来作战系统中 8 种有人驾驶地面车辆之一，由 BAE 系统公司军械系列部研制,自行火炮由39倍径155毫米榴弹炮和20吨级的履带式底盘组合而成,动力系统采用德国MTU公司生产的MT890高功率密度柴油机,推进系统采用通用动力公司全电驱动系统。顶级产品的应用,使火炮具有较高机动性能和理想的油耗。非瞄准线火炮实质上是高自动化、遥控射击、高精确度的自行榴弹炮。

2005年,非瞄准线火炮发射平台在美国亚利桑那州尤马试验场首次试射成功。它使用模块装药系统,进行4发炮弹同时弹着试验,6组发射试验中,所有炮弹的弹着时间间隔均在4秒之内。BAE系统公司

非瞄准线火炮(NLOS-C)初始样车

认为，这次试射表明美国火炮系统能够通过软件控制发射实弹。

非瞄准线火炮具有完善的信息化作战能力，火炮和上级指挥系统及空、天、地立体化侦察体系实现网络互联，完全融入"未来战斗系统"中。在火炮内部，采用新型的数据链，带宽是现有带宽的 20 倍。除了目标方位诸元数据外，还可以直接完成图像、音频、视频等大数据量情报传递。通过触控式大屏幕显示技术的火炮—人—机交互界面，综合全频谱侦察和 GPS/INS 定位导航技术，实时获取战场上敌我双方态势，从而为火炮乘员构建起战场立体图，实现在计算机辅助决策下快速制定打击方案，掌握战场上主动权。

非瞄准线火炮配有全自动弹药装填系统，携载 24 组 155 毫米弹药。非瞄准线火炮作为第四代也就是最新一代的自行火炮，虽然技术上非常先进，但因美国国会认为"未来战斗系统"脱离现实的作战环境，于 2009 年下马，非瞄准线火炮也同样半途而废。但事情并未结束，火炮的各种先进技术，如电力推进底盘和弹药全自动装填系统等，均已用于美军现役 M109A6 型自行火炮的改进上，由此产生 M109A6-PIM 型自行榴弹炮，从二代水平一跃成为超三代水平的先进装备，美国人来了一个漂亮的移花接木。同时，未来战斗系统和非瞄准线火炮的发展理念以及众多创新技术也成为人们一笔宝贵财富。

奇异之光——激光武器

激光是20世纪以来，继原子能、计算机、半导体之后，人类的又一重大发明。1916年，著名物理学家爱因斯坦提出了"光与物质相互作用的"激光的原理，阐明在某种状态下，能出现弱光激发出强光的现象。1960年5月，美国科学家梅曼获得了人类有史以来的第一束激光，从而将激光引入实用领域。他制造的世界第一台红宝石激光器产生出了纤细的红色光柱，当它射向某一点时，可使其达到比太阳表面还高的温度。

激光作为20世纪60年代的新光源，具有定向发光、亮度极高、单色性好和能量极大的特点。此后，以激光器为基础的激光工业在全球迅猛发展，激光技术已广泛应用在工业生产、医疗卫生、勘测、通信、信息处理和科学研究等方面，特别是在军事上的应用更是遥遥领先。

激光武器与传统火炮在武器原理、所用能源和基本构造完全不同，它是利用激光发射器定向发射激光束，直接毁伤目标或致使目标失效的武器，我们通常称为激光枪、激光炮。激光武器由激光器和跟踪、瞄准、发射装置组成。目前采用的激光器有化学激光器、固定激光器和气体激光器等。

激光武器有许多优点：光束以30万千米/秒的速度射向目标，从发射到击中远距离目标激光束"飞行"时间接近于0，对方毫无反应，无法躲避，对运动目标射击时，光束发射不需考虑目标移动因素，激光武器能量非常集中，它能在极小的面积上，在极短的时间里集中极大能量作用于目标。例如，红宝石激光器发射的集光束总能量不足煮熟一个鸡蛋，但由于光束将能量集中在极小的点上，却能穿透1/3厘米厚的钢板，激光炮发射时无后坐力，非常便于武器的安装布置。

激光武器分为战术型和战略型两大类。其中，战术激光武器是利用激光作为能量，像常规武器那样直接杀伤敌方人员、击毁坦克、飞机等战术兵器，打击距离一般可达20千米。这类武器的主要代表是激光枪和激光炮，它们都能够发出很强的光束打击目标。自1978年第一支激光枪在美国诞生以来，经过30多年发展，低能激光武器正被使用。目前国外已有红宝石袖珍激光枪，能在近距离致人伤亡，并能在一定距离内引爆炸药，也能使夜视仪、红外或激光测距仪等光电设备失效。除此之外，还有几种重量与机枪相仿的激光武器，能在1500米处使人员致盲、皮肉灼伤，从而丧失战斗力。这些武器还能损毁一些精密仪器设备，致使全套武器失灵。在1982年的英阿马岛战争中，英军在航空母舰和其他护航舰艇上安装有激光致盲武器，曾使阿根廷多架飞机失控坠落或误入英军火力网。

战略激光武器是高能激光武器，用以攻击数千千米之外的洲际导弹，可攻击太空中的侦察卫星和通信卫星。目前，战略高能激光武器研制种类有化学激光器、准分子激光器、自由电子激光器和调射线激光器。其中，自由电子激光器具有输出功率大、光束质

激光武器

量好、转换效率高等优点，但由于体积庞大，适合安装在地面作为陆基激光武器。作战时，强激光束首先射到处于空间高轨道上的中继反射镜上，然后由中继反射镜将激光束反射到处于低轨道的作战反射镜，最后再由作战反射镜将激光束瞄准目标实施攻击。这样，地面上的自由电子激光器经过光束的两次反射，即可在空间低轨道上攻击地球上任何地方发射的战略导弹。除此之外，人们还尝试将高能激光炮与航天器相结合，制成高基激光武器，当这种激光武器在空间轨道游弋时，一旦发现目标，便可按指令进入战斗。由于它部署在宇宙空间，居高临下、视野广阔，可以光速摧毁敌方的各类卫星、航天器，甚至能将洲际导弹摧毁在助推的上升阶段，使弹头在发射点附近坠落或爆炸。战略高能激光武器的研究与发展，表明人类已把战场拓展到了广阔的宇宙空间。

理想的激光武器研制困难重重，难度巨大，涉及科学领域里诸多学科和多个制造行业。高能激光武器是夺取宇宙空间的理想武器之一，也是现代国防科技的最高峰，这正是军事大国不惜耗费巨资对此进行争夺比拼的原因。自20世纪70年代以来，美俄两国都以各种名义进行了数十次反卫星激光武器试验，连续不断地冲击技术难题，试图抢占先机，获得激光武器领域竞争的主动权。

在快速发展的科学技术推动下，激光武器的发展必然加速前行，技术也会日趋成熟。在其影响下，未来战争形式必然发生根本性的变化，人们将面对更为复杂形势和新的挑战。

向初速极限挑战——电热炮

科学研究证明,以固体发射药为能源的常规火炮,由于受到发射药特性和火炮结构的限制,理论上初速度极限为2000米/秒。为突破这一极限,使火炮有更大的威力、更远的射程和更高的精度,人们不断去探索和寻找新发射能源和新发射原理的武器,以期用来取代传统的常规火炮。电热炮就是人们研究项目之一。

电热炮是电炮家族的重要成员。它是一种用电能加热工质(推进剂)产生等离子体去推进弹丸的发射装置。它有外部电源系统,并在常规的火炮闩中引入高压电级和毛细放电管,而身管则无大的变化。从工作方式上,电热炮分为纯电热炮和电热化学炮两类。

纯电热炮也称为直热式电热炮,这类电热炮完全依靠电能发射弹丸。工作时接通电源开关,特定高功率脉冲电源向毛细放电管放电,产生高温、高压等离子体,利用这些高动能等离子体直接把弹丸推射出去。由于从电能转化为机械能的效率很低,能量损耗很大,因此纯电热炮使用的高功率电源体积非常庞大,安装空间限制使纯电热炮不能作为未来坦克炮的选择。因此,人们把注意力全部放在电热化学炮的研究上。

电热化学炮是用电能和化学能推动弹丸高速前进的火炮。它与纯电热炮最大的区别是,增加了推进剂,推进剂有各种配方,如碳氢化合物燃料加过氧化氢氧化剂铝钛水组成的膏剂。它综合使用电能和化学能，可使电能需要量减少80%，有利于实现电源小型化，易于投入实战使用。电热化学炮除有电源、脉冲形成网络外，其他部分与常规火炮基本相似。电热化学炮的炮弹由等离子体喷管、推进剂和弹丸组成。

典型的电热化学炮发射过程是：由大容量高功率电源发出的高电压大电流，经过脉冲形成网络的调节，输入毛细放电管放电，产生高温、高压、含氢量高的等离子体射流，高速喷入推进剂，使其发生化学反应生成高温高压燃烧气体，推动弹丸高速运动从炮口射出。

根据气体动力学原理估算，在理想状态下电热化学炮初速可达3千米/秒以上。电热化学炮主要优点是弹丸初速度大，射程远，弹丸炮口动能比传统火炮提高25%～55%。推进剂的化学反应速率可由输入

电热化学炮试验样炮

的电流脉冲调节控制，射程改变灵活，除发射电热化学炮弹外，也可发射普通炮弹。

电热化学炮有着广阔的发展前景，从目前的研发情况看，电热化学炮是未来坦克的理想武器。因为坦克炮的主用弹种是高速动能弹，电热化学炮的高初速度特点恰好为弹丸提供更大的动能。除此之外，由于电热化学炮是从传统火炮发射技术基础上发展而来的，使它与现役火炮衔接性好，可以发射普通弹药，更容易融入炮兵装备之中。

基于电热化学炮的上述优点，各军事强国纷纷加入该炮的研发队伍，目前从事电热化学炮的研究机构多达数十个，电热化学发射技术日趋成熟，电热化学炮已进入靶场试验阶段，成为各种新概念火炮最有力的竞争者。它将带来兵器发展史上的一场革命。

未来之星——电磁炮

电磁炮是电炮家族的重要成员。电磁炮是依靠电磁能发射超高速弹丸的装置，又称电磁发射器。

19世纪，科学家们发现了电磁感应的规律，从此，用电磁力发射弹丸有了可能。两次世界大战期间，法国、德国、日本等国都曾进行电磁炮的秘密研究，但无一成功。第二次世界大战后，美国空军科研所对电磁发射技术非常关注，并投入大量经费进行系统实验，但由于缺乏理想的动力设备，又受技术能力的限制，因而在相当长的时间内，电磁炮的研究进展缓慢。

1957年，美国空军科研所得出了"电磁发射根本行不通"的悲观结论，放弃了电磁炮的研究。但是，许多电磁炮研究者们仍旧锲而不舍，继续探索与尝试，他们的努力终于得到回报。1978年，电磁炮研究取得关键性突破，澳大利亚的研究人员建成第一台电磁发射装置，成功地将世界上第一枚3克重的电磁"炮弹"发射出去，飞行速度达6000米/秒。此项成果虽然离工程应用相差甚远，但却证明了电磁发射技术的可行性，使科学家们受到鼓舞和启发。1982年，美国科学家又在研究道路上迈出重要一步，他们成功将质量317克的弹丸加速到4200米/秒的初速，证明了电磁炮能发射大尺寸弹丸，使坦克装备电磁炮有了希望。1992年，美国研制成功世界上第一套完整的靶场电磁炮，并在尤马试验场进行了发射试验，这是电磁炮走出实验室的第一步。

根据工作原理的不同，电磁炮分为线圈炮和导轨炮。由于线圈炮受困于电源系统和全炮尺寸等方面的技术障碍，目前各国把电磁导轨炮作为发展的重点。导轨炮又称轨道炮，它是利用电磁力沿导轨发射炮弹的武器。简单的电磁导轨炮，由两条平行的金属轨道、放置在导轨之间带电枢的弹丸和高功率脉冲电源组成。当接通电源时，强大的电流从一个导轨流入，经过弹丸底部的电枢，流向另一个导轨，此时，在两

电磁炮

个导轨间形成强磁场，强磁场与流经弹丸的电流相互作用，产生强大电磁力，推动弹丸加速发射出去。按目前的工程条件，弹丸理论初速度可达 6000～8000 米/秒。这就是电磁导轨炮的工作原理。

  电磁导轨炮一直受到人们的关注，主要是它有诸多潜在优点和诱人的发展前景。电磁导轨炮的弹丸初速非常大，具有极高的动能，穿甲能力很强，适合反坦克作战。炮弹初速高，相应射程远，因而电磁导轨炮可以用于远程火力压制。高速运动的弹体，飞行相同距离用时较短，提高了对运动目标的命中精度，摧毁能力也因弹丸速度高、动能大而显著提高，因此电磁导轨炮可以用来防空反导。它的发射稳定性好，弹丸在发射过程中受电磁力非常均匀，近似匀加速运动，发射稳定性和精度都很好，比普通火炮易于控制。电磁导轨炮通过调节电流大小就能改变弹丸的初速和射程，使电磁炮具有较大的火力打击范围。电磁导轨炮的弹体形状不受限制，与普通火炮不同，电磁导轨炮的弹丸形状可按需要设计，以受到最小的飞行阻力。电磁导轨炮的炮弹只有弹丸本身，尺寸小、质量轻。据估算，达到与传统 120 毫米火炮相同的毁伤效果，电磁导轨炮炮弹体积只是传统炮弹的 1/8，质量是其 1/10。这样，电磁炮弹丸装填变得轻松，同时武器系统携弹量将大幅增加。电磁导轨炮发射几乎全是有效载荷，效率很高，相比之下，增程火箭弹发动机有效载荷只有极小部分，其他能量用于推进火箭壳体和燃料等附加载荷，发射效率较低。电磁导轨炮发射能量转换效率相对较高，同时不存在燃料爆炸的危险和处理废燃料的麻烦，对环境的污染较轻。

电磁导轨炮虽然潜在优点很多，技术研究也取得巨大成就，但要实现军事应用，仍需破解许多关键技术难题。首先，高密度高功率脉冲电源技术要成熟，能在短时间释放巨大的电能，同时电源系统必须小型化，以满足安装要求。其次，目前电磁导轨炮全系统都很笨重，轻量化势在必行。再次，相关材料技术也要同步发展，满足电磁导轨炮结构要求。

进入21世纪后，以美国为代表的各军事强国加快了电磁炮研发速度。2008年，美国海军试验发射了3千克的炮弹，初速2500米/秒。2010年12月，美国海军试射电磁导轨炮，炮口动能达到33兆焦，是电磁炮技术的又一次飞跃，为海军远期规划列装64兆焦电磁炮奠定了基础。尽管前进之路坎坷依然，但人们还是矢志不移，随着关键技术障碍被不断突破，电磁炮走上战场的时日已经可期，新型火炮的未来之星即将升起。

飞向远方的"神剑"

远程射击的高命中率是现代战争对火炮性能的基本要求，也是火炮设计者为之奋斗的目标。他们一方面优化火炮设计结构，提高射击精度，另一方面就是通过研发新型弹药来提高命中率。

现代火炮火控计算机系统已将火炮射击潜力发挥得淋漓尽致，火炮的结构设计已很难取得新的突破。人们便把新型弹药技术当作研发重点，以期获得突破。现代大口径压制火炮技术性能要求射程应在35千米以上。普通炮弹飞出炮口后，全程自由飞行直到落地。尽管火控计算机将所有影响弹丸飞行的条件都进行了计算，为弹丸规划了最理想的弹道，但是射弹散布规律却无法改变，受各种因素影响，远距离飞行的弹丸落点分布始终不尽人意。对飞行的炮弹加以控制，按人们预期飞向目标，成为提高火炮命中率的全新思路，精确制导炮弹的概念亦由此产生，并迅速聚焦了人们的目光。

精确制导炮弹就是利用技术手段对飞行的弹丸进行控制与引导，使其准确命中目标。在制导炮弹的研制领域里，美国155毫米"铜斑蛇"激光制导炮弹成为开创者，它于20世纪80年代研制成功。作战时，前方观察员或直升机用激光设备测定目标方位，发射前炮弹被设定激光密码，发射后在炮弹着陆前数秒钟，前方观察员用激光器照射目标，"铜斑蛇"的弹载寻的器接收目标反射激光束，然后产生操控指令，自动引导弹丸冲向目标。由于受限于当时技术水平，"铜斑蛇"炮弹最大射程只有16千米。作为20世纪80年代产品，"铜斑蛇"制导炮弹基本上能满足当时美军的需求。但它有明显不足之处，首先是它不能自己寻找目标，要依靠前线观察员或飞机发射激光引导，这样需要精准的协同配合，以及畅通的通信保障，增加了作战的复杂程度。其次是激光导向能力在烟雾或雨中会受到严重影响，容易贻误战机。再次是现代火炮发射时弹丸加速度很大，弹丸前部的精密光电器件容易因过载损坏。

20世纪末，美国的竞争对手制导弹药技术发展很快，美军为在制导炮弹技术上保持竞争优势，开始开发新一代弹药：M982型155毫米卫星制导炮弹，绰号"亚瑟王神剑"。"神剑"项目在美国陆军主导下，由美国雷神公司和瑞典博福斯公司联合研制。2003年首次试射，2008年在阿富汗战场进行了实战测试。

M982型"神剑"精确制导炮弹重48千克，炮弹长度900毫米，最小射程6～8千米，最大射程40～60千米，具体取决于配置。炮弹采用GPS/IMU复合制导，译成中文就是卫星定位系统和惯性测量单元复合制导，炮弹可以在任何环境气候条件下打击高价值目标，并具有很高的命中精度，圆周误差从普通弹药的370米降至10米，能够为近敌75～150米处友军提供火力支援。"神剑"精确制导炮弹采用多功能引信，可以编程控制炮弹在空中爆炸、撞击地面爆炸、在穿透地面后爆炸。

"神剑"精确制导炮弹可用美国及北约全部155毫米榴弹炮发射，如英国AS90、瑞典"弓箭手"、美

美国M982型155毫米卫星制导炮弹

国 M109A6、M777 和德国 PzH-2000 型自行榴弹炮。"神剑"是系列化、模块化的远程精确制导炮弹，它结合了美国雷神公司的制导技术和瑞典博福斯公司的弹体技术，采用 GPS/IMU 复合制导、自由旋转稳定尾翼、4 片鸭式控制翼、弹底排气技术和弹道滑翔技术来提高精度，增加射程。"神剑"精确制导炮弹与"铜斑蛇"激光制导炮弹不同，无须使用激光指示器（无须他人协助）就能独立寻找目标，是一种真正的"打出后不用管"的制导炮弹。

"神剑"战斗飞行大致过程：发射前，使用火炮引信感应装定器对"神剑"引信进行设置。将目标位置、火炮位置和 GPS 专用数据用感应方法输入炮弹头部的微型计算机。火炮用高仰角发射"神剑"炮弹，使弹载 GPS 接收机有充足的时间来锁定卫星信号，使制导系统有足够的时间来修正弹道，同时也可以使炮弹有较远的射程。弹丸飞出炮口进入弹道初始阶段后，一直按身管赋予的弹道飞行，在接近弹道最高点时，弹丸前部的 4 片鸭式翼展开。经过弹道最高点后，安装在弹丸前部的 GPS 接收机开始获取卫星信号，更新坐标数据，对惯性测量装置进行必要修正，控制系统形成对鸭式翼的制导指令，鸭式翼按指令进行弹道修正，控制炮弹飞向目标，实施垂直俯冲攻击。如果"神剑"在接近目标时，GPS 信号受到干扰，炮弹则以最后得到的数据为基准，单独由弹载惯性制导系统控制弹丸攻击目标。

"神剑"精确制导炮弹配备了 3 种战斗部，用以打击不同性质的目标。第一种是常规的 155 毫米爆破弹，用以杀伤有生力量和攻击一般目标。第二种是单一侵彻战斗部，用于垂直向下穿透防御工事，摧毁内部结构。第三种是反装甲弹药战斗部，用以远程打击敌装甲集群目标。三种炮弹除战斗部不同外，其他均为通用部件，以便于生产使用与管理。"神剑"为"钝感"弹药，除执行指定任务外，在任何情况下都不会引爆，以确保"神剑"储存与运输的安全。"神剑"不需定期维护，且具备技术更新能力，先进的技术装置可以很方便地置入弹体，替换掉原有装置。

"神剑"精确制导炮弹是美军 GPS/IMU 复合制导技术的代表之作，它是美军第一种应用于战场的 GPS 制导炮弹，并在战斗中取得了令人满意的效果。

"神剑"及其发射平台